NINGXIA QUQING BAOGAO
宁夏区情报告

形势与政策课辅导读本

宁夏社会科学院 ◎ 编

图书在版编目（CIP）数据

宁夏区情报告. 2018 / 宁夏社会科学院编. —银川：宁夏人民出版社，2019.4
ISBN 978-7-227-07038-2

Ⅰ.①宁… Ⅱ.①宁… Ⅲ.①宁夏—概况—2018 Ⅳ.① K924.3

中国版本图书馆 CIP 数据核字（2019）第 063677 号

宁夏区情报告（2018）　　　　　　　　　　宁夏社会科学院　编

责任编辑　管世献
责任校对　陈　晶
封面设计　一　卜
责任印制　肖　艳

黄河出版传媒集团
宁夏人民出版社　出版发行

地　　址	银川市北京东路 139 号出版大厦（750001）
网　　址	http://www.yrpubm.com
网上书店	http://www.hh-book.com
电子信箱	nxrmcbs@126.com
邮购电话	0951-5052104　5052106
经　　销	全国新华书店
印刷装订	宁夏雅昌彩色印务有限公司
印刷委托书号	（宁）0012840

开　　本	880 mm × 1230 mm　　1/16
印　　张	6　　字　数　105 千字
版　　次	2019 年 4 月第 1 版
印　　次	2019 年 4 月第 1 次印刷
书　　号	ISBN 978-7-227-07038-2
定　　价	15.00 元

版权所有　侵权必究

目 录

2018年宁夏经济形势分析与2019年预测报告
　　…………………………………………………… 段庆林（1）

2018年宁夏社会形势分析与2019年预测报告
　　………………………………………… 杨永芳　陈通明（19）

2018年宁夏文化发展态势与2019年发展趋势报告
　　………………………………………… 鲁忠慧　牛学智（40）

2018年宁夏法治建设状况与2019年发展趋势报告
　　…………………………………………………… 李保平（59）

2018年宁夏生态文明建设与2019年发展趋势报告
　　………………… 李文庆　李晓明　宋春玲　赵　颖（80）

2018年宁夏经济形势分析与2019年预测报告

段庆林

党的十九大报告作出"我国经济已由高速增长阶段转向高质量发展阶段"的科学判断。中央经济工作会议把推动制造业高质量发展作为2019年经济工作首要任务。2018年,自治区党委、政府认真贯彻落实习近平新时代中国特色社会主义思想和党的十九大精神,坚决抓好中央环保督察整改工作,稳步推进地方机构改革,圆满完成自治区成立60周年大庆活动。特别是深入实施"三大战略",打好"三大攻坚战",在经济高质量发展等方面取得新成效。本文结合当前宁夏经济形势,围绕中央对2019年经济工作的战略部署,对促进宁夏经济高质量发展提出对策建议。

一、宁夏经济高质量发展的内涵及其重大意义

所谓经济高质量发展,是指落实创新、协调、绿色、开放、共享新发展理念的全面协调健康可持续的发展,以创新为发展第一动力,以供给侧结构性改革为主线,以提高供给体系质量为主攻方向,通过提高全要素生产率,建设现代化经济体系,推动经济发展质量变革、效率变革、动力变革,不断增强经济活力、创

作者简介: 段庆林,宁夏社会科学院副院长、研究员。

新力和竞争力。

当前我国经济正处于向高质量发展转变的关键时期,正在加快重塑经济结构,存量问题和风险隐患正在逐步化解,新一轮改革开放举措正在加快落实。①2018年前三季度,中国经济累计增长6.7%,工业增加值增速也保持平稳态势。新经济、新动能快速增长,第三产业和消费的贡献比重上升。地方隐性债务扩张得到实质性控制,淘汰一批环保不达标企业,房地产涨价预期降温,"三大攻坚战"取得初步成果,"放管服"改革持续深入,积极构建全面开放新格局。中央隆重举行庆祝改革开放40周年大会,表明了将改革开放进行到底的坚定决心。尽管中美贸易战影响深远,西方主要国家新一轮经济下行周期来临,国内经济逐季下行压力增加,稳中有变、变中有忧。但中国经济有足够的韧性、广阔的回旋空间和巨大的潜力,仍然处于并将长期处于重要战略机遇期。

为此,我们必须抓住经济运行的主要矛盾,加快推进经济高质量发展。

(一)经济高质量发展内涵

经济高质量发展是创新发展。近年来,随着国际市场危机和国内经济紧缩,对能源和原材料需求减缓,宁夏投资的边际效益逐步降低,在经济下行期间,民营企业投资谨慎也是合理的经济行为,严控政府地方债也有利于预防金融危机。促进经济高质量发展,必须实施创新驱动战略,优化产业结构。实现经济高质量发展,必须要从数量追赶转向质量追赶,从规模扩张转向结构升级,从要素驱动转向创新驱动。②

经济高质量发展是协调发展。协调是经济高质量发展的内在要求。应积极围绕人民日益增长的美好生活需要,重点解决不平衡不充分的发展之间的矛盾。宁夏山川之间、城乡之间差距显著,山区工业化、城镇化水平低,川区也面临如何实现经济转型升级发展问题。宁夏建设富强民主文明和谐美丽的社会主义现代化地区任务非常艰巨。要着力构建区域城乡协调发展新格局,必须促进新型工业化、信息化、城镇化、农业现代化同步协调发展。

经济高质量发展是绿色发展。宁夏传统经济模式一个很大的弊病,就是经济增长的负外部性太大,环境成本未列入生产成本。宁夏生态环境脆弱,以重化工

---

① 李伟:《我国有能力有条件长期保持高质量发展的良好态势》,《求是》2018年第16期。
② 王一鸣:《破解高质量发展瓶颈的十大策略》,中国经济大讲堂。

业为主导的产业结构使得宁夏生态环境压力巨大。痛下决心解决长期困扰银川居民生活的永宁工业园区药厂空气污染问题,加大对贺兰山、黄河、六盘山等的环境保护,体现出经济高质量发展的要求。

经济高质量发展是开放发展。经济高质量发展需要充分发挥国际国内两种资源、两个市场来提高资源配置效率。宁夏作为内陆开放型经济试验区,应该注重以内陆开放视角来制定战略。应该坚持全方位开放,推动形成全面开放新格局。以"一带一路"沿线国家为重点,坚持引进来和走出去并重,实行更高水平的投资贸易便利化政策,更加注重开放经济实效。

经济高质量发展是共享发展。高质量发展的本质是以人民为中心,增进人民福祉是经济高质量发展的出发点和落脚点。宁夏人均GDP水平长期位居全国各省(区、市)第17位左右,而城乡居民人均可支配收入却位居全国后位。积极培育贫困地区内生发展动力,打赢脱贫攻坚战,建设和谐社会,促进包容性发展,是经济高质量发展的目标。

(二)重大意义

经济高质量发展是贯彻新发展理念的根本体现。在党的十八届五中全会上,习近平同志系统论述了创新、协调、绿色、开放、共享"五大发展理念"。新发展理念体现了高质量发展的基本要求:创新是引领发展第一动力,协调是内在要求,绿色是必要条件,开放是必由之路,共享是本质要求。这是对改革开放以来我国经济高质量发展经验的理论总结,是指导我国未来发展思路、发展方向、发展着力点的集中体现。要牢固树立正确的政绩观、科学的发展观,不简单以GDP论英雄,必须破除环境保护影响经济增长的错误认识。

经济高质量发展是适应我国社会主要矛盾变化的必然要求。我国社会主要矛盾已经转化为人民日益增长的美好生活需要和不平衡不充分的发展之间的矛盾。人民对美好生活的需要已经从物质文化层次,向民主、法治、公平、正义、安全、环境等更高更多元的层次发展,对发展提出更高质量的要求。我国虽然已经成为世界第二大经济体,基本改变了落后生产方式,但离现代化强国还有很大距离。这些体现于区域间、城乡间、与发达国家间的发展不平衡不充分问题,主要是我国经济发展质量不高的体现。必须适应社会主要矛盾变化,坚定走经济高质量发展之路。

经济高质量发展是建设现代化经济体系的必由之路。在全面建成小康社会基础上，开启全面建成社会主义现代化国家新征程，必须依靠经济高质量发展。宁夏经济主要依靠投资拉动和要素驱动，全要素生产率贡献度低。解决投资边际效益降低问题，必须注重依靠技术进步和效率提高。突破中等收入陷阱，必须依靠经济高质量发展，才能提高国际产业分工地位，彻底改变中国制造质次价廉的印象，实现产业结构高端化。建设现代化经济体系，必须坚持质量第一、效益优先，推动经济发展质量变革、效率变革和动力变革。

（三）实现经济高质量发展的基本条件

一是人民对物质生活质量要求不断提高。随着收入水平提高，中等收入群体扩大，城乡居民对商品和服务质量的要求越来越高。目前，我国商品质量和服务品质与发达国家还有很大差距，这需要我们推进产业供给结构升级。

二是人民对美好生活多元化需求不断扩大。在满足基本的物质需求基础上，城乡居民对生态环境的需求提升，需要清新的空气、清澈的河水、葱茏的山峦，那种以牺牲生态环境来发展经济的传统发展思路已经落后。同时，民众期望实现共同富裕，希望包容性增长，能够分享发展成果，有更加体面的工作、更为合理的收入、更好的教育、更多的休闲等。此外，民众对公平、正义、安全等要求增强。

三是经济结构发生重大变化。过去经济增长依靠投资拉动，依靠消耗资源，目前宁夏投资边际效益降低，劳动力成本上升，依靠全要素生产率提高就非常关键。目前，我国的劳动生产率、资本回报率、全要素生产率均与发达国家有较大差距。同时，消费对宁夏经济贡献率提高，第三产业比重提升，有利于经济稳定，将为高质量发展提供产业基础。

四是科技创新进入活跃期。目前，各级政府都非常重视创新驱动战略，科技R&D投入比重逐步提高，正在逐步形成有利于增加以知识价值为导向的体制机制。企业创新活动能力增强，政府创新投入增加，科研活动日益活跃，将为促进经济动能转换创造条件。

（四）宁夏促进经济高质量发展面临的问题

一是传统增长模式惯性大。过去宁夏经济主要是投资拉动型经济，近年来投资效率下降，要想保持增长就得加大杠杆率。地方政府往往高度依赖土地财政，依赖房地产和基础设施投资拉动。传统增长方式已经不具有可行性。从依靠投资拉动、资源消耗的传统增长模式转向技术进步、效率提高的现代增长模式，需要提高自主创新能力。

二是结构性矛盾突出。宁夏产业结构以重化工业为主导，产品以能源、矿产品初级加工为主，高新产业比重小，绝大多数产品为中低端产品。存在实体经济供需结构性矛盾、金融和实体经济的结构性失衡、房地产和实体经济的失衡。前些年，金融和房地产以及虚拟经济、网络经济越来越赚钱，实体经济投资风险巨大。部分商品供过于求的局面难以在短期内消除，而增量投资少，新招商引资项目少，更难以改变传统产业结构，经济结构性矛盾突出。

三是发展不平衡不充分的矛盾。宁夏川区工业化水平较高，但面临经济动能转换和产业转型升级问题，需要实现新型工业化。同时，宁夏还面临着处理好贺兰山、黄河保护以及沿黄生态经济带建设与经济发展之间的关系。宁夏山区工业化、城市化水平低。要建设美丽新宁夏，就需要优化山川人口分布，促进人口向沿黄城市带和宁南区域中心城市聚集。必须大力发展全域旅游，发展适合宁夏的特色优势产业。

二、宁夏经济处于转型升级关键期

2018年，宁夏各级党委、政府全面贯彻新发展理念，以供给侧结构性改革为主线，实施"三大战略"，在经济下行压力加大的形势下，努力稳中求进，经济社会发展取得新成效。

（一）2018年宁夏经济工作主要措施

一是深化创新驱动战略。以供给侧结构性改革为主线，及时出台稳增长20条、落实创新驱动30条、开发区创新发展22条、民营经济健康发展20条等一系列政策。加强"科技支宁"东西部合作，苏银产业园挂牌开园。将33个工业园区整合为22个，实施了21个低成本化改造项目。深化供给侧结构性改革，降低实体经济成本90亿元，淘汰一批落后产能。积极促进传统产业转型升级，工业技改投资增长15%。预计全社会R&D投入强度指数将达到1.3%，科技对经济贡献率上升。

二是强化基础设施建设补短板。积极促进重大基础设施建设补短板，支持银西高铁顺利建设,争取包银高铁宁夏段开工建设,推进京藏高速公路改扩建项目。银川航空港综合交通枢纽竣工,年旅客吞吐量达到900万人次,银川机场有望成为中国西北第三个千万级机场。启动银川都市圈建设,促进相邻城市间公共服务一体化发展。出台《关于实施乡村振兴战略的意见》,积极建设特色小镇和美丽村庄。

凤城新貌

三是优化绿色经济发展布局。2018年,宁夏坚决整改中央环保督察"回头看"反馈问题,落实《关于推进生态立区战略的实施意见》,实施蓝天、碧水、净土三大行动计划,建成银川"东热西送"集中供热工程,淘汰燃煤锅炉,加强煤改气、煤改电工作。启动黄河保卫战,加强水污染治理。落实土壤污染防治行动计划。在全国率先划定生态保护红线。积极构建绿色制造体系,累计培育绿色园区7个、绿色工厂22个。

(二)2018年经济形势特点

2018年,宁夏经济处于产业转型升级的阵痛期。2018年前三季度,宁夏GDP增长率为7%,其中,第三产业对经济增长贡献率达53%。宁夏规模以上工业增加值增长速度从2017年12月的8.5%下降到2018年5月的4.9%,11月又恢复到7.6%,工业对经济快速回升起到重要支撑作用。

2018年，宁夏经济在整体下行压力下也呈现出诸多积极因素和亮点。

一是经济动能逐步转换。2018年1—11月，宁夏工业技术改造投资增长13.4%，生态保护和环境治理类投资更是大幅度增长。宁夏在煤制油、国产大飞机轮胎、深海油气田阀门、高速动车组铝合金枕梁、3D打印等制造方面均有较快发展，宁夏蛋氨酸制备技术打破国外垄断，经济动能正在积极转换。过去依靠房地产投资等拉动经济增长，2018年工业投资降幅收窄，下半年工业增加值增长率逐月回升，尤其是新经济增长迅速，为稳增长奠定基础。

二是企业经济效益回升。随着供给侧结构性改革持续深化，全国去库存力度加大，加上严厉的环保治理政策加速了污染企业的关停，部分行业供需形势发生变化，产品价格上升。1—11月，宁夏规模以上工业企业主营业务收入增长10.8%，利润总额增长22.8%，主营业务收入利润率为4.47%，比2017年同期效益提高。

三是农业经济基础稳固。宁夏社会和谐稳定，农业经济占有重要地位。2018年全区粮食产量393万吨，连续15年丰收。1—11月，实现农林牧渔业增加值196.8亿元，同比增长3.6%。特色优势产业产值占农业总产值比重达87%以上。中宁枸杞、盐池滩羊产区成功入选首批中国特色农产品优势区。前三季度，全区农村居民人均可支配收入增长9.1%。出台打赢脱贫攻坚战三年行动计划，整合资金，当年实现11.5万人脱贫。农村农业稳定为全区经济社会发展奠定了基础。

（三）存在的问题

2018年1—11月，宁夏固定资产投资同比下降18.2%，进出口总额同比下降28.6%，投资与贸易在底部徘徊，对经济增长下降影响最大。全区社会消费品零售总额增长5%，较2017年9.5%的增长率下降幅度较大。宁夏投资、进出口、消费三大需求同时大幅度下降是我们必须面对的问题。

宁夏经济短期波动的主要影响因素为：

一是固定资产投资下降。宁夏金融机构人民币存款余额增速从2017年10月的10.3%下降到2018年11月的3.1%，贷款余额增速从2017年8月的13.8%下降到2018年11月的8.2%。市场形势探底，银行惜贷催还行为严重。2018年1—11月，受防范金融风险、控制地方债务等政策影响，政府投资减缓，基础设施投资下降22.3%，房地产投资下降30.7%，宁夏民间投资下降19.5%。

二是传统产业增长分化。1—11月,规模以上重工业增加值同比增长11%,尤其是国有控股企业增势良好,冶金、化工、电力、机械等分别增长20.5%、19.5%、15.6%、6%,重点行业支撑作用明显。轻工业增加值下降12.9%,受羊绒业债务危机等影响,服装产量下降69.2%,并影响原料和成品的进出口。还有多晶硅、水泥、合成氨等产品产量也大幅度减少。

三是受环保治理影响较大。2018年第一批中央环保督察"回头看",对宁夏灵武再生资源循环经济示范区、永宁望远生物医药产业园等进行整治,关闭了一批破坏生态、污染环境的企业。1—11月,医药制造业增加值下降44%,化学农药原药产量下降12.5%。

宁夏经济运行中存在的问题,既有行业短期市场波动的影响,也有长期发展动能转换不足的问题;既受国际周期性经济危机和国内经济"三期叠加"的影响,也反映出宁夏经济发展中多年累积的结构性矛盾。必须从长期发展大势认识当前形势。宁夏经济处于转型升级的阵痛期,经济高质量发展任重道远。我们必须看到经济转型升级是大趋势,而传统领域的周期性波动只是"小气候"。要抓住主要矛盾,深入实施创新驱动、脱贫富民、生态立区三大战略,坚持走创新引领、绿色经济、区域协调、开放共赢、共享发展的高质量发展之路。

(四)警惕经济风险

2019年,要继续把防范化解重大风险作为重要目标,尤其是要关注国际国内经济新形势对风险因素的累积。

一是经济持续下行可能引发系统风险。自2008年国际金融危机以来,这场10年经济危机至今未有结束迹象。经济危机的特征就是有效需求不足。在出口增速下降、防范债务风险、加强环境保护等约束下,我国正在通过供给侧结构性改革,努力达到总供给与总需求的新均衡(新常态)。目前,经济增长率和物价双双下降,经济有可能从滞胀转为通缩。2018年年底,中国制造业采购经理指数(PMI)跌破荣枯线,2019年中美贸易战等经济不确定因素增多,中央经济工作会议作出"经济运行稳中有变、变中有忧"的判断。经济增速持续下降可能是中国当前的最大风险。[①]宁夏投资和进出口下降,消费增速减缓,三大需求及其

---

① 余永定:《经济增速持续下降可能是中国当前的最大风险》,"中国金融四十人论坛"公众号,2019年1月3日。

总需求严重不足。要加强逆周期调节，防止总需求不足引发系统性风险。

二是企业金融风险进入多发期。中央把防范化解重大风险作为"三大攻坚战"的第一位。随着经济下行压力加大，前几年盲目扩张规模的部分企业相继遇到了金融和债务危机。2018年1—11月，宁夏短期贷款余额同比减少3.7%，而票据融资同比增长6.9%，在银行短期贷款惜贷情况下，企业票据融资规模迅速扩大，虽然缓解了企业短期负债的流动性压力，但其风险也不容忽视。2018年，以宝塔石化为代表的石化、羊绒、冶炼等多家大型民营企业相继出现债务危机，都说明企业债务风险进入高发期，必须高度重视防范化解重大风险。同时，还需要继续防范政府债务风险。

三、宁夏全要素生产率测算分析

党的十九大把提高全要素生产率作为促进经济高质量发展的重要措施。所谓全要素生产率（TFP）是指全部生产要素（包括资本、劳动、土地，但通常分析时都略去土地不计）的投入量都不变时，生产量仍能增加的部分。其是衡量除去所有有形生产要素以外的纯技术进步生产率的增长。测度全要素生产率的常用方法有生产函数法、数据包络分析法、随机前沿分析法等。生产函数法的基本思路是在经济增长率中，扣除劳动、资本等生产要素贡献后的余值。为节省篇幅，本文略去计算过程。①

（一）全区全要素生产率变化

宁夏经济总体上呈现出要素驱动型发展，特别是投资拉动型增长特征。1979—2016年，宁夏经济增长中资本的贡献率高达51.76%，全要素生产率的贡献为26.58%，劳动的贡献率为1.66%。

宁夏经济增长正从要素驱动向创新驱动转型。劳动对GDP增长贡献率从"七五"时期的54.8%下降到"十五"时期的8.1%，随着轻纺等劳动密集型产业发展，贡献率逐步提高到"十二五"时期的14.1%。资本贡献率虽然从"六五"时期的59.7%下降到"十二五"时期的41%，但资本贡献率依然较高，资本密

---
① 本节依据课题子报告《宁夏全要素生产率的测度及其比较研究》（仇娟东、黄沙利）所提供全要素生产率数据重新总结分析。

集型的重工业对宁夏的经济支撑作用依然较强。宁夏全要素生产率明显提高,从"七五"时期的 –11% 提高到"十一五"时期的 48.5%,"十二五"时期略降为 44.9%。

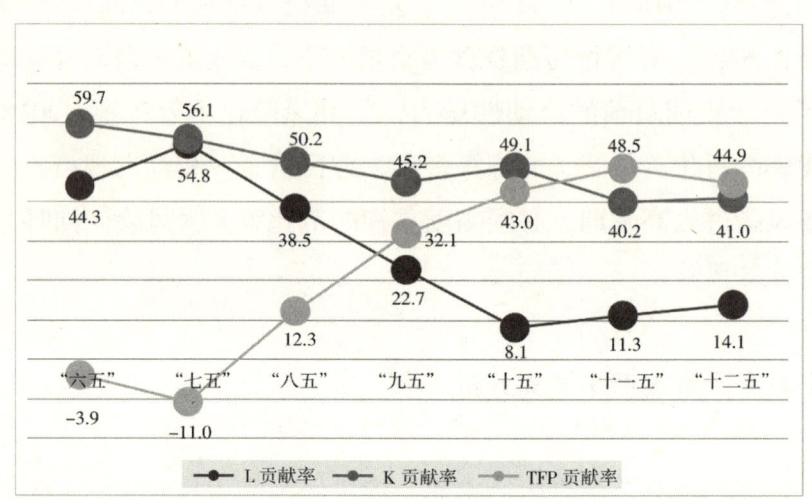

宁夏全要素生产率贡献率变化图

(二)地级市全要素生产率比较

2004—2016 年,宁夏全要素生产率呈现出三个层级:第一层次是银川市,TFP 对经济增长的贡献率达 41.09%;第二层次是石嘴山市、吴忠市、中卫市,TFP 贡献率分别为 35.28%、3.16%、33.01%;第三层次是固原市,TFP 贡献率只有 20.35%。全要素生产率与经济发展水平呈正相关关系。

宁夏各地级市呈现出投资拉动型经济特征。资本对经济增长的贡献率,从吴忠市的 57.28%,到固原市的 46.62%,都是第一位的增长因素,都远远高于劳动和全要素生产率的贡献。

劳动对各地区增长的贡献也不同,其中对固原市经济增长贡献率高达 33%,对石嘴山市经济增长贡献率仅为 8.08%。固原市以劳动密集型产业为主,石嘴山市以重化工业为主。不同的产业结构,劳动力的需求及其贡献会有差异。

(三)一二三产业全要素生产率

1997—2016 年,宁夏资本的产出弹性,第一产业为 0.43,第二产业为 0.4,第三产业仅为 0.26,说明资本投入第一产业收益最高,投入第三产业收益最低。

资本投入第一产业和第二产业有利于提高产出效益。劳动的产出弹性，投入第一产业为0.57、第二产业为0.6、第三产业为0.74，说明劳动力从第一产业转移到第三产业，产出效益更高。值得注意的是，资本和劳动，投入第一产业和第二产业的产出弹性差别并不大。

宁夏一二三产业主要靠资本要素投入带动经济增长。1997—2016年，宁夏一二三产业中资本对经济增长的贡献率分别达54.43%、57.05%和59.01%，远远高于劳动和TFP的贡献。劳动对第一产业贡献率高达26.97%，对第二产业贡献率均值仅为4.68%。近年来，劳动对一二三产业的贡献率均有大幅度下降趋势。

宁夏全要素生产率对三次产业贡献率从高到低依次为：第二产业38.27%、第三产业24.76%、第一产业18.12%。测算表明，自2008年国际金融危机以后，第一产业、第三产业全要素生产率均有下降的趋势，唯有第二产业TFP的贡献率从2008年的8.4%上升到2016年的58.72%。由于宁夏第二产业在经济中比重较大，技术进步对宁夏经济在新常态下具有重要的支撑作用。

（四）西北五省区全要素生产率比较分析

西北各省区经济都是投资拉动型经济，资本贡献率青海为62.5%、甘肃为62.3%、新疆为58.1%、宁夏为52.6%、陕西为52.3%，均在50%以上。从全要素生产率对经济增长贡献率的均值来看，陕西为32.9%，为五省区最高，其他从高到低分别为：新疆30.8%、宁夏24.8%、甘肃23.9%、青海19.9%。从以上两组数据来看，越是经济发达的省区，其全要素生产率贡献率越高，而越是欠发达地区，越依赖投资拉动。

根据以上分析得出结论：宁夏经济虽然主要依靠投资拉动，但是全要素生产率对宁夏经济增长的贡献率呈增长态势，宁夏提高经济发展总体质量和技术效率方面已经取得一定成绩。

四、宁夏推动经济高质量发展的对策建议

2019年是中华人民共和国成立70周年，是全面建成小康社会关键之年。2018年中央召开经济工作会议，强调我国发展仍处于并将长期处于重要战略机遇期，我们要积极抓住国际国内经济发展的"五大新机遇"，把推动经济高质量发展作为当前和今后一个时期经济发展的根本要求。

（一）深化改革，激发高质量发展活力

一是积极落实新发展理念。尤其是要突出公平、正义、安全、环境等发展新要求，切实解决社会主要矛盾。落实创新驱动、脱贫富民、生态立区"三大战略"，确保与全国同步建成全面小康社会，实现经济繁荣、民族团结、环境优美、人民富裕的宏伟目标。要认真学习理解贯彻习近平总书记"建设美丽新宁夏，共圆伟大中国梦"题词的深刻内涵，在建设美丽新宁夏上下功夫。

宁夏现代农业

二是确立竞争政策的基础性地位。经济高质量发展必须依靠充分竞争来实现，充分竞争下才会更加注重技术创新，充分竞争中才能形成品牌。政府要为市场提供一个公平竞争的政策环境，要处理好政府与市场的关系，坚持市场在资源配置中的决定性作用；要坚持"两个毫不动摇"，坚定支持民营经济发展，稳定企业家预期。

三是构建经济高质量发展评价考核体系。目前，国家有关部门正在制定经济高质量发展评价体系，我们建议以综合指标评价为基础，以创新、协调、绿色、开放、共享五大发展理念为主要任务，以城乡居民满意度为目的，构建经济高质量发展综合评价指标体系。要积极引导科学发展、可持续发展、高质量发展。

四是激励干部担当作为、干事创业。2018年5月,中共中央办公厅印发了《关于进一步激励广大干部新时代新担当新作为的意见》。近年来,中央从严治党,管住了干部乱作为行为,但也存在少数干部担心干得多、错得多,出现不作为、慢作为等现象。中央旗帜鲜明地树立重实干、重实绩的用人导向,建立健全容错纠错机制,各级干部需要适应新时代高质量发展的要求,增强干事创业的本领和能力。

(二)坚持以供给侧结构性改革为主线

一是强化逆周期调节,处理好速度和质量的关系。发展是解决一切问题的关键,保持一定的经济增长率,是短期稳就业、稳预期的需要,也是促进产业转型升级的基础,更是确保与全国同步实现全面小康社会的保证。

经济持续下降将可能引起许多问题的恶化。10月31日,中共中央政治局召开经济形势分析会,根据经济下行压力有所加大的判断,强调"六稳",即稳就业、稳金融、稳外贸、稳外资、稳投资、稳预期。12月21日,中央经济工作会议更加明确"宏观政策要强化逆周期调节","积极的财政政策要加力","稳健的货币政策要松紧适度",开始实施降低存款准备金率、增加政府基础设施投资等政策。宁夏也要较大幅度增加地方政府专项债券规模。但这种政策转暖仅仅是"对冲"下行压力而非"刺激"经济。宁夏企业要在转型升级上下功夫,不要每当经济危机就"休眠",等待经济复苏后"死灰复燃",市场往往难以重现,必须保持一定的环保政策压力。预计2019年宁夏GDP增长率为6.5%~7%,是确保小康、就业等目标的增速。

以前我们要解决的是商品"有没有"的问题,现在则要解决"好不好"的问题。要处理好速度与质量的关系。没有一定经济增长速度,就没有高质量发展。应坚持以经济建设为中心,加快转变经济发展方式,把重点放在努力提高经济发展的质量和效益上。

二是把补短板和降成本作为供给侧结构性改革的重点任务,在巩固、增强、提升、畅通上下功夫。2015年年末以来,供给侧结构性改革已经取得显著成绩,去产能、去库存、去杠杆任务已经取得显著成效。2019年,应该把工作重心从"三去"转向"一降一补"。宁夏经济社会短板多,应该既要坚持做"减法",更要把主要精力放在做"加法"上。中央强调,必须坚持以供给侧结构性改革为主线不动摇，对经济发展的矛盾主要方面在供给侧的判断并没改变。要在"巩固、增强、提升、畅通"八字方针上下功夫。巩固"三去一降一补"成果，增强微观主体活力，提升产业链水平，畅通国民经济循环，促进市场尽快出清。供给侧结构性改革将更多采用改革的办法，在处理僵尸企业等问题时，更多地运用市场化、法治化的手段，切忌"一刀切"和运动式执法。

把补短板作为工作重点。要着力在培育新动能方面补短板。重点以承接战略性新兴产业转移和主导产业关键核心技术攻关为突破口，在实体经济有效投资方面发力，改变招商引资滞后、储备项目少等局面。积极发展教育、养老、医疗、文化、旅游等生活性服务业，加快科研、金融、信息、运输等生产性服务业发展。

着力在基础设施方面补短板。中国人均资本存量与发达国家差距巨大，宁夏基础设施资金缺口大。要争取加大城际交通、物流、水利、工业互联网、物联网、城市基础设施等建设投资。尽管基础设施投资短期内不可能有很高的商业回报，但在经济紧缩时期，企业缺乏投资意愿，增加政府投资将对保增长起到中流砥柱的作用。应该加快银西、包银、银兰高铁建设，争取银川—固原—西安动车项目早日开工，兰州—固原—太原高铁早日立项。着力在区域城乡协调发展方面补短板。建设银川都市圈取得实效，促进山区现代化建设，补齐农村基础设施和公共服务设施建设短板。着力在民生方面补短板。坚决打赢脱贫攻坚战，积极关注和解决城市贫困群体就业生活问题。实行更大规模的减税降费。改革开放通过制度创新解放和发展了生产力，目前体制成本越来越高，降低体制成本是经济发展的重要出路。应该继续深化"放管服"改革，转变政府职能，以简政放权激发经济活力和动力。优化财政收支结构，大幅度降低企业税费负担，为实体经济发展显著降低成本。高质量发展形势下的积极财政政策，必须注重与调结构、补短板结合起来，实行结构性减税降费政策。积极实施降低企业所得税、增值税及降低社保费率等减税降费措施，为加快转型升级争取空间和时间。

三是推动制造业高质量发展，增强制造业的活力、效益和竞争力。2019年经济工作七大任务中，最重要的是推动制造业高质量发展。制造业是经济增长的主要引擎，是国际产业竞争的核心领域。当前，经济增长的突出问题依然是实体经济特别是制造业的转型升级难题。制造业高质量发展要以提高产品质量和企业效益为目标，努力提高国际竞争力，实现高端化、绿色化、智能化。

2018年宁夏工业的拐点已经出现，工业成为经济发展的重要支撑力量，但其基础依然不够稳固。2018年1—11月，宁夏制造业增加值增长6%，远低于电力、热力、燃气及水的生产和供应业增速；十大工业产业继续保持"六增四降"态势，远没有达到全面复苏；工业生产者出厂价格从2018年1月的同比增长10.6%下降到11月的4.9%，企业盈利面临压力。2019年，必须把推动制造业高质量发展作为经济工作重中之重，切实做好传统制造业转型升级、增强活力和竞争力工作。

必须积极改造传统产业。目前，传统制造业是宁夏主导产业，体量大、影响广，不要一提创新驱动，就贬低传统制造业。要加强研发设计，强化技术改造，以数字化、智能化改造传统制造业。要充分发挥企业家精神和工匠精神。要优化有利于高质量发展的制度环境，严厉打击假冒伪劣产品。前些年，宁夏有些企业在经济扩张时期搞多元化战略，有些试图改变代工企业地位，结果造成经营失败。现代跨国企业要求对技术、资源、生产、流通、市场营销、品牌等全产业链进行全面掌控，对经营能力提出了更高要求。宁夏企业过去仅注重生产环节，缺乏跨国公司从全产业链压缩成本的能力，市场竞争能力和抵御风险能力弱，必须循序渐进推进产业转型升级。转变经济发展方式，并不能一蹴而就。

必须瞄准高端供给不足"靶心"，促进从特色产业体系向现代产业体系转型升级。我国处于全球制造业分工第三梯队，以中低端制造为主；宁夏又在全国制造业分工中处于中下端，以资源及其初级工业品输出为主。长期以来，欧美掌握国际定价权，我国企业努力通过降低成本来维持利润，必须改变盈利模式，努力在成本一定基础上，通过创新来获得超额利润。抓住新工业革命机遇，加快落实《中国制造2025宁夏行动纲要》，实现制造强区战略目标，加快发展新一代信息产业、高端装备制造业、环保产业、新材料、生物医药制造业等战略性新兴产业。加快推进质量强区建设，实施"七大质量提升专项行动"，打造富有竞争力、影响力和美誉度的宁夏品牌体系。

（三）构建现代化经济体系

习近平总书记强调："推动经济高质量发展，要把重点放在推动产业结构转型升级上，把实体经济做实做强做优。"[①]

[①]《习近平这样论述高质量发展》，《经济日报》，2018年6月5日。

一是提高供给体系质量。高质量发展，要解决传统产业多而新兴产业少、低端产业多而高端产业少、资源型产业多而高附加值产业少等供给体系问题。深化供给侧结构性改革，落实"三去一降一补"重点任务，实施传统产业提升工程、特色产业品牌工程、新兴产业提速工程、现代服务业提档工程。重点放在降成本、补短板上，继续落实《关于降低实体经济企业成本的实施意见》，加大产业招商承接力度。

二是推进要素市场化改革。经济高质量发展是高效率的增长，市场化是提高资源配置效率的主要机制。改革开放以来，我国商品市场化程度已经很高，但生产资料市场化程度还有待提高。要深化要素市场化改革，努力提高资金、矿产资源、土地、劳动力等资源配置效率。

在国际金融危机和中美贸易战加剧形势下，适当增加政府基础设施投资，包括新一轮西部大开发和乡村振兴战略，可以对冲民营企业投资下降的影响。央行也正在降低存款准备金率，增加资本流动性。但也不可过高期望经济刺激政策，不可妨碍转型升级既定目标，毕竟我国目前发展的主要矛盾是结构性问题而不是总量问题，不要偏离经济高质量发展轨道。

三是实施乡村振兴战略。乡村振兴战略，是高质量发展在乡村建设领域的体现。坚持乡村振兴和新型城镇化双轮驱动，形成区域城乡协调发展新格局。农业是国民经济的基础，乡村是中华文明的基本载体、生态涵养的主体区，实施乡村振兴战略是社会治理的固本之策、实现共同富裕的必然选择。乡村振兴并非扩大内需的暂时策略。要按照产业兴旺、生态宜居、乡风文明、治理有效、生活富裕的总要求，久久为功。要支持有条件的乡村建设以农民合作社为主要载体、让农民充分参与和受益，集循环农业、创意农业、农事体验于一体的田园综合体。

四是推动全方位对外开放，更加注重促进形成强大国内市场。宁夏对外对内开放，必须以构建开放型产业体系为基础，以高质量发展为全方位开放奠定产业基础。努力扩大开放，充分利用国际国内两种资源、两个市场，提高资源配置效率。逐步推动由商品和要素流动型开放向规则等制度型开放转变。努力提高贸易投资便利化、自由化水平，积极提高银川综合保税区建设水平。宁夏要以"一带一路"建设为重点，坚持全方位开放，形成陆海内外联动、东西双向互济的开放格局，积极协同共建陆海新通道。要把对内开放作为优先选择。随着中国经济发展及其消费升级,将为经济高质量发展提供广阔的内需市场。宁夏要积极参与促进形成强大的国内市场,也要充分利用国内大市场。通过努力扩大内需来对冲对外贸易形势的变化。积极承接东部产业转移,加强东西部科技合作,积极加强与兄弟省区经济技术协作。切实在建设宁夏内陆开放型经济试验区方面取得突破,从内陆视角谋划宁夏对外对内开放,规避内陆劣势,变内陆劣势为中心优势。

要积极打造和优化开放平台。2018年1—11月,宁夏实际使用外资额下降31.1%。为了适应全面开放新形势,建议争取恢复宁洽会,或打造"一带一路"全方位开放新平台。继续办好中国—阿拉伯国家博览会,稳妥推进企业"走出去"和境外产业园区建设,努力规避各类风险。

(四)提高全要素生产率

经济增长的动力源泉主要包括资本、劳动、人力资本和全要素生产率(TFP)四大类,其中TFP是技术进步和效率改进的综合反映,只有TFP提高才能够克服生产要素规模报酬递减问题。从要素驱动转向创新驱动,是经济高质量发展的本质要求。

一是实施创新驱动战略。在劳动力成本等刚性上涨之际,如果不能在高技术产业上突破,很可能会陷入中等收入陷阱。提高全要素生产率及其贡献,是创新驱动的根本,必须通过增长动能转换来实现高质量发展。宁夏创新资源短缺,自治区确定的坚持走开放创新之路和走特色创新之路的思路很符合宁夏区情。宁夏就是应该重点在引进消化吸收再创新上下功夫,并在承接产业转移中突出产业转型升级。宁夏具有自主创新能力的企业非常有限,应该打造创新生态,提高R&D投入比重,强化企业科技创新主体地位。近年来,宁夏注重科技投入和人才培养,但也要防止基层政府片面注重提高R&D比重等硬性指标而忽视投入效益。

二是提高区域资源配置效率。通过提高效率和集约化程度实现经济高质量发展。打造银川都市圈,加快人口、资源向都市圈集聚,产业集群发展,提升沿黄城市群整体竞争实力。加快新型城镇化建设,建设特色小镇,促进区域一体化和城乡一体化。打造沿黄科技创新改革试验区,充分发挥创新资源密集的优势,形成创新集聚效应。打造宁夏沿黄生态经济带,坚持生态优先、绿色发展、产城融合、人水和谐方针。加大整合工业园区,大力发展循环经济、低碳经济,建设生态工业园区。打赢污染防治攻坚战,加大对贺兰山、黄河等生态环境保护,打造西部地区生态文明建设先行区，筑牢西北地区重要生态安全屏障。

三是注重人力资本投资。《经济蓝皮书夏季号：中国经济增长报告（2017—2018）》总报告认为：知识消费—人力资本提高—创新效率的循环补偿，是经济高质量发展的核心机制。产业转型升级，必须要提升人力资本结构，从而提升自主创新能力，为经济高质量发展提供保证。促进科学研究、教育、文化娱乐、医疗健康、体育健身等事业迅速发展，使经济增长过程中伴随的知识消费比重提高，人力资本结构优化，以符合经济高质量发展需要，提高劳动生产率。

四是加强知识产权创造保护运用。产权激励是最有效的激励机制。保护各种经济主体的合法财产权利，是经济运行的基本制度环境。特别是要加强知识产权保护，从传统的专利权、商标权、版权扩展到包括计算机软件、集成电路、植物品种、商业秘密、生物技术等在内的多元对象，促进技术创新和知识创新。

宁夏技术市场

五是深化科技体制改革。加快建设创新型地区，建立以企业为主体、市场为导向、产学研深度融合的技术创新体系。完善以增加知识价值为导向的体制机制，扩大科研机构收入分配自主权，赋予科研人员更大技术路线决策权，加强科技成果产权对科研人员的长期激励。建立完善以信任为前提的科研管理机制，实施哲学社会科学创新工程。要大幅度提高社科等智力密集型项目的间接经费比重，切实减轻科研人员报销经费等环节的负担。激励科研人员积极性，实现科研工作从数量型向质量型转型升级，大力提升创新能力和关键领域核心技术攻关能力，为实现经济高质量发展作贡献。

2018年宁夏社会形势分析与 2019年预测报告

杨永芳　陈通明

2018年，宁夏回族自治区迎来了60周年华诞，同时，与全国改革开放40周年同步发展，宁夏山川面貌发生了翻天覆地的巨变。2018年，宁夏各级党委、政府以"建设美丽新宁夏，共圆伟大中国梦"为指引，贯彻新发展理念，坚持以人民为中心的发展思想，立足区情，振奋精神，实干兴宁，大力实施创新驱动、脱贫富民、生态立区"三大战略"，全面推进教育、就业、医疗卫生、社会保障和住房等各项社会事业发展，补齐民生短板，创新社会治理，城乡居民收入稳步增长，社会大局和谐稳定，群众的安全感、获得感和幸福感显著增强。

一、2018年宁夏社会建设发展状况

社会建设是指为所有社会成员提供生存发展所需要的社会环境和条件的过程，其内容涵盖了社会生活的各个领域。2018年，自治区党委、政府把人民对美好生活的向往作为动力，持续加大民生投入，社会建设稳步推进，使人民群众的获得感不断提升。

作者简介：杨永芳，宁夏社会科学院社会学法学研究所副所长、副研究员；陈通明，宁夏社会科学院研究员、宁夏社会学会会长。

（一）民生事业快速健康发展

2018年，以发展公共服务为基础，以改善民生为目标，社会事业不断进步。

1. 优先发展教育

2018年，宁夏深化教育综合改革，教育事业实现了稳中提质、稳中增效的目标。一是全力推动"互联网＋教育"示范区建设。在全国首家获批建设"互联网＋教育"示范区，拟订了《"互联网＋教育"示范区建设规划（2018—2022）》，支持建设13所示范学校。二是各级各类教育事业发展态势良好。新建改扩建幼儿园104所，新增政府购买服务民办幼儿园95所，普惠性幼儿园覆盖率达到80%；均衡发展义务教育，西吉、同心、红寺堡三县（区）最后一批通过国务院教育督导委员会评估认定，率先在西部以省为单位实现义务教育基本均衡发展；普通高中教学改革稳步推进，高中阶段教育实现特色化、多样化发展。推进高等教育内涵发展，推进落实部区合建宁夏大学工作。三是全力解决群众反映强烈的突出问题。主要针对培训机构不规范、"大班额"和部分民办学校违规收费等问题开展专项治理，共摸排校外培训机构2094所，整改完成率95.2%。投资11.3亿元，实施"全面改薄"工程（全面改善贫困地区义务教育薄弱学校基本办学条件），化解"大班额"难题，基本消除了66人以上超大班额，大班额较2017年下降1.14个百分点。

2. 改善就业创业质量

2018年，宁夏经济发展总体平稳，就业局势保持总体稳定。一是城乡就业稳中有增。2018年1—11月，全区城镇新增就业7.99万人，完成目标任务的106.6%；城镇登记失业率为3.89%，低于目标任务0.11个百分点；城镇长期失业人员再就业6.16万人，完成目标任务的118.4%，同比减少2.4%；城镇困难人员实现就业8537人，完成目标任务的121.96%；农村劳动力转移就业78.03万人，完成目标任务的111.5%，同比增长3.3%，实现工资收入87.72亿元，完成目标任务的125.3%，同比增长12.4%；全区购买安置公益性岗位10202个，组织城乡劳动力培训5.8万人，开展创业能力培训1.27万人，培养创业实体1.19万个，创造新岗位3.45万个，分别完成目标任务127%、116.4%、172.4%；创业担保贷款余额14.1亿元，完成目标任务的141%，创业带动就业6.5万人，完成目标任务的118.2%。各项重点工作任务均已完成。二是抓好重点群体就业。深入实施高校毕业生创业引领和就业促进计划，统筹实施"三支一扶""特岗教师"等基层服务项目。截至11月底，高校毕业生就业率达91.47%。全区发放创业担保贷款9.27亿元，创业担保贷款余额达14.1亿元。其中高校毕业生创业担保贷款3299.5万元；返乡农民工创业担保贷款9187万元，建档立卡户创业担保贷款3866万元。三是开展全方位公共就业服务。加强"互联网+"公共就业服务平台建设，将504家规模以上企业20.16万岗位纳入就业监测范围。

3. 提高社会保障待遇水平

一是社会保险体系日趋完善。巩固全民参保登记成果。截至10月底，全区基本养老、医疗、失业、工伤、生育保险参保分别达到394.84万人、624.42万人、91.35万人、91.34万人、86.99万人，分别完成全年任务的101.8%、103.2%、102.6%、103.8%、111.5%。建立城乡居民养老保险待遇确定和基础养老金标准正常调整机制，机关企事业单位退休人员、城乡老年居民养老金月人均分别增加162元、23元。完善医疗保险政策，调整城乡居民医疗保险财政补助标准和个人缴费标准，将17种国家谈判抗癌药品纳入医保药品目录，降低14种国家谈判抗癌药品医保支付标准。推进医保支付制度改革，全区三甲医院对107个病种实施按病种付费。加强跨省异地就医直接结算管理，为1.58万人次直接结算医保基金2.16亿元。二是不断提高社会救助水平。提高低保标准，城市低保标准由每人每月440元提高到560元，农村低保标准由每人每年3150元提高到3800元。建立孤儿养育津贴标准动态调整机制，将具有宁夏户籍且18周岁以下的父母一方重残、失踪、服刑等困境儿童纳入保障范围。推进扶贫低保两项制度衔接，将农村低保对象中有劳动能力的人口纳入建档立卡范围，将建档立卡对象中劳动能力缺失的人口纳入低保范围，实现两项制度对农村贫困人口全覆盖。三是强化社会福利保障。做好残疾人两项补贴发放工作，惠及残疾人18.7万人。

4. 推进"健康宁夏"建设

以"共建共享，全民健康"为主题，推进卫生与健康领域制度创新、管理创新，"健康宁夏"建设迈出坚实步伐。一是全面深化综合医改。出台《关于改革完善全科医生培养与使用激励机制的实施方案》《关于进一步深化基本医疗保险支付方式改革的实施意见》等文件，全面充实医改制度架构。完善分级诊疗制度，建成8个医疗集团、13个专科联盟、7个城市医共体、31个县域医共体。166家社区卫生服务机构与城市医院建立医联体，92家乡镇卫生院纳入县乡一体化管理范围，覆盖率达到45%。二是加快推进"互联网+医疗健康"。通过进一步优化资源配置、创新服务模式、提高服务效率、降低服务成本，推进宁夏"互联网+医疗健康"示范区建设。开展国家健康医疗大数据中心及产业园建设试点等，建成"国家—自治区—市—县（区）—乡"五级远程医疗服务体系，实现了多种远程医疗应用。建设健康扶贫医疗保障"一站式"结算平台，实现"信息多跑路，群众少跑腿"。三是医疗服务能力稳步提升。实施区域医疗中心和重点专科建设，批复建设县级重点专科50个。开展新一轮"千名医师下基层"对口支援活动，组建家庭医生团队1725个。

5. 推进健康老龄化工作

开展人口老龄化国情区情宣传教育活动，健全完善健康养老服务政策制度，印发《关于进一步加强健康养老服务工作的实施意见》《关于加强农村留守老年人关爱服务工作的实施意见》等政策文件。落实养老服务机构管理人员和护理员持证上岗制度，持证上岗率达70%。在4所公办养老机构推行公建民营改革，引导社会力量参与运营管理。截至2018年10月，全区每千名老人拥有养老床位数达33张，安排资金8464万元，为全区434个农村老饭桌每个给予1万元运营补助。11月，自治区十二届人大常委会第七次会议修订通过了《宁夏回族自治区老年人权益保障条例》，按条例规定，从2019年起，老年人将享受更多的福利和优待。

（二）立足城乡统筹发展，推动高质量的城镇化

以提升城市和小城镇功能品质为重点，加快新型城镇化进程。

1. 科学谋划城镇发展

印发《2018年全区新型城镇化工作要点》和《自治区推进新型城镇化考核办法》，统筹实施城镇化重点项目466个，优化城镇空间布局和形态，加快居住证制度落地，有序推进农业转移人口市民化。

2. 着力完善城市功能

按照"300米见绿，500米成园"要求，结合旧城改造、园林城市创建推动小微公园、街头绿地等绿色空间建设，截至2018年10月，全区城市人均公园绿地面积达17.74平方米。全面推广银川市、中卫市城市步行和自行车交通系统示

范项目建设经验,在新改扩建城市主次干道时设置自行车道和步行道,有效推进绿色出行。2018年3月,银川市建成区"八横十八纵"主干路网改造项目正式开工,进一步完善银川市的城市路网架构。

3. 加快美丽特色村镇建设,开展农村环境整治

近年来,科学有序推进美丽乡村建设,宁夏农村人居环境整治工作坚持因地制宜、先易后难,重点突出、成效明显,在组织领导、规划、机制、考核、绿化、资金等方面比较到位。农村人居环境呈现出"静、净、靓"的特点。2018年开工建设美丽小城镇20个,占年度任务的100%;完成固定资产投资3.4亿元,占年度计划完成总投资的56.7%;开工建设美丽村庄126个,占年度任务的126%;完成固定资产投资6.9亿元,占年度计划完成总投资的230%。全年开工建设特色小镇12个,占年度任务的100%;完成固定资产投资23亿元,占年度计划完成总投资的287%。截至10月底,全区农村人居环境整治完成农村污水处理及改厕2.9万户,占年度任务的97%;完成固定资产投资0.58亿元,占年度计划投资的97%。

美丽乡村

4. 住房保障体系更加完善

坚持市场调节和政府保障相辅相成,着力解决城乡居民住房问题。一是加大住房保障。全力推动改造城镇棚户区住房,截至10月底,全区共开工城镇棚户

区住房改造28463套，占年度计划的94.9%；完成投资45.3亿元，占年度计划投资的151%；发放城镇住房保障家庭租赁补贴11649户，占年度计划的108.8%；基本建成32546套，占年度计划的155%；公共租赁住房累计分配175945套，占年度计划的97.7%，累计入住153897套，占年度计划的92.2%；累计对187594户住房困难家庭实施住房保障。2018年全区棚改套均补助资金达到6.7万元，为历年最高。二是精准推进农村危窑危房改造。截至10月底，全区危窑危房改造开工32169户，占年度任务的145%，竣工31026户，占年度任务的140%。

5. 推动房地产业健康发展

坚持因城因地施策推进去库存，截至10月底，全区房地产投资387亿元，同比下降29.4%；商品房销售面积777.4万平方米，同比增长2.3%；商品房待售面积922.7万平方米，同比下降12%。加大房地产市场防风险力度，指导各地强化逾期交房、"烂尾楼"、非法集资等风险防控工作，全区房地产市场运行健康。

（三）创新社会治理，提升社会治理现代化水平

2018年，宁夏共建共治共享的社会治理格局不断完善，驾驭社会治理复杂形势的能力在逐步增强。

1. 全面推进立体化社会治安防控体系建设

一是社区警务提档升级。以"一村（社区）一警"社区警务为基础，实行"1+X+N"社区警务工作模式，全区入室盗窃、矛盾纠纷类警情、电信诈骗案件同比下降24.9%、5.1%、15.7%，社会治安防控得到全面加强。二是实施科技信息化"数据强警"工程。保障全区各类重大活动、警卫任务、安全事故、群体性事件现场实时"看得见，呼得通，调得动"，科技信息化牵引驱动作用更加凸显。三是开展道路交通安全隐患综合治理。危险路段治理率达到55%，重点车辆交通事故同比下降38.79%，全区公共安全形势持续向好。

2. 深化和谐社区建设

调整成立"宁夏回族自治区基层政权与社区治理工作领导小组"，在全国率先建立基层政权建设领导议事协调机制。将做实村民代表会议制度和修订完善村规民约纳入2018年乡村振兴战略考评，将乡镇政府服务能力建设和社区治理工作纳入自治区效能目标管理考核，得到民政部的肯定和推介。推进城乡社区民主协商，指导各地开展试点、打造亮点，以点带面促进整体工作，不断扩大公民有

序参与。举办首届优秀社会工作服务案例评选大赛，闽宁社会工作"牵手计划"进展顺利，注册登记志愿者达67.8万人，比上年度新增16.9万人。

3. 社会组织健康有序发展

2018年以来，自治区着眼激发社会组织发展活力，以推进社会组织登记管理改革为主要目标，以加快社会组织培育发展为关键核心，以强化社会组织执法监管为主要抓手，以加强党对社会组织工作的领导为重要保障，统筹谋划安排，全面推动落实，逐步完善社会组织监管体系，不断加大社会组织培育力度，全面促进宁夏社会组织健康有序发展。截至2018年9月底，自治区本级登记社会组织1280家，其中社会团体746家，民办非企业单位（社会服务机构）464家，基金会70家。

4. 加强基层扶贫领域整治

2018年，全区各级党委、政府针对基层扶贫领域的突出问题，加大整治力度。一是整治部门责任不明确不落实、主动意识不强，对脱贫攻坚工作中出现的新问题、新情况不重视、不解决或者推诿扯皮等官僚主义问题。二是整治在应付检查考核上做文章，在结合实际、成果转化上实效不够的形式主义问题。三是整治驻村第一书记履职不到位、责任心不强，结对帮扶干部在结对帮扶期间不按要求入户走访，不宣讲扶贫政策，工作敷衍等问题。四是整治在贫困人口信息采集、摸底调查过程中，不实地核查，信息错误或不完整，贫困户识别不精准，扶贫项目不调研不论证，扶贫培训流于形式等问题。五是整治扶贫资金是否按规定合理使用、支出的问题。各地通过监督检查，对发现的问题督促整改落实。

（四）实施乡村振兴战略，坚决打赢脱贫攻坚战

2018年，在乡村振兴战略实施背景下，以农民增收为核心，深入推进农业供给侧结构性改革，围绕"1+4"特色优势产业，突出质量兴农、绿色兴农、品牌强农，农业农村经济稳中有进、持续向好。前三季度，全区农村居民人均可支配收入7466.2元，增长9.1%，增幅比全区城镇居民高0.6个百分点，预计全年农村居民人均可支配收入增长8%以上。同时，自治区全面落实中央脱贫攻坚决策部署，大力推进脱贫富民战略，全区脱贫攻坚工作稳扎稳打、前三季度，贫困县（区）农村居民人均可支配收入增长11.3%，增幅比全区农村居民高2.2个百分点。根据基层摸底和初步分析，3个贫困县、142个贫困村、11.5万建档立卡贫困人口具备脱贫退出的基本条件。

1. 着力推进农村改革，农业发展增添新活力

在全面完成农村土地确权登记工作的基础上，2018年新增承包地确权登记颁证面积2.43万亩，完成数据变更2.68万户。探索开展了生产设施设备所有权、集体未利用荒地使用权、草原承包经营权等产权确权登记颁证试点，累计发放各种产权证37256本，成立土地股份合作社98个，入股土地面积12.7万亩。扎实开展农村集体资产清产核资，全区2287个村开展了清产核资工作，进入确认步骤的村占87.1%。加快发展新型经营主体，新培育家庭农场218家、农民合作社349家，全区家庭农场、农民合作社分别达到2916家和6267家，新创建农业社会化综合服务站40家，农业产业化联合体35家。

2. 做实做细基础工作，确保扶贫措施精准到村到户到人

一是优化政策供给。坚持问题导向，完善政策设计，研究出台了加强控辍保学、促进就业扶贫、强化驻村管理等政策文件，进一步完善脱贫攻坚政策体系。二是加大资金保障。2018年下达各类财政扶贫资金53.03亿元。加大涉农财政扶贫资金统筹整合推进力度，截至第三季度末，已整合资金62.6亿元，整合率93.9%。三是扎实开展建档立卡动态调整和扶贫对象动态管理，加强建档立卡贫困人口数据分析和信息比对，通过动态调整净增贫困人口1013户4958人，规范贫困户退出标准、程序和人均纯收入计算方法，落实脱贫退出责任人签字背书制度，防止出现错退漏退。四是选好扶贫项目。组织召开全区贫困县完善县级脱贫攻坚项目库建设工作会议，印发《宁夏回族自治区县级脱贫攻坚项目库建设实施方案》，建立了自治区、县、乡、村四级协调联动机制，8个国定贫困县（区）共入库项目82062个，计划总投资325.35亿元。

3. 严格落实精准方略，着力在提高脱贫质量上下实功

一是攻坚深度贫困堡垒。聚焦"五县一片"（五县指原州、西吉、海原、同心和红寺堡等县区）深度贫困地区、170个深度贫困村和病老残特殊困难群体，持续加大资金投入，2018年共安排"五县一片"深度贫困地区扶贫资金36.4亿元，占全区资金的64.2%；2018年预计可实现50个深度贫困村稳定退出。二是加大产业扶贫力度。召开全区特色产业发展暨产业扶贫现场推进会，出台《2018年全区特色产业精准扶贫工作要点》《全区特色产业脱贫攻坚三年行动方案》，加大资金支持力度，落实中央和自治区各类农业项目资金31.37亿元，农业招商

引资项目落地174个，实际到位资金38.96亿元。三是加强培训就业扶贫。紧盯市场用工需求大、就业稳定、收入较高的职业（工种），继续开展"点单式""配送式"职业技能培训，截至10月底，职业教育暨技能培训已完成培训62688人。四是持续深化金融扶贫。加大金融扶贫产品和模式创新，引导各类金融机构积极参与支持脱贫攻坚。截至10月末，全区累计向13万户建档立卡贫困户发放扶贫小额贷款62.6亿元，贷款户数和金额同比分别增长19.6%和30.6%，贫困户贷款余额84.8亿元，覆盖率84.9%，户均贷款4.7万元。五是稳步推进易地扶贫搬迁。"十三五"易地扶贫搬迁累计搬迁安置移民8万人，提前完成"十三五"易地扶贫搬迁任务。六是着力强化"三保障"。教育扶贫方面，全面加强义务教育控辍保学，全区已劝返辍学中小学生9300人，劝返率97.2%。实行"奖、助、贷、免、补、减"多措并举，安排各类补助经费7.36亿元，资助学生45万人次。健康扶贫方面，建立基本医保、大病保险、医疗救助、扶贫保的综合保障网，覆盖所有建档立卡贫困人口，贫困患者住院全部实行"先诊疗，后付费"，"一站式"结算。

4. 大力加强基础设施建设

实施贫困村提升工程，按照"缺什么，补什么"的原则，聚焦短板、整合资源、集中投入，大力实施贫困村提升工程，拟脱贫出列的140个贫困村已完成投资20.19亿元，贫困地区农村饮水安全实现全覆盖，2018年完成45.7万人的饮水安全提升，其中建档立卡贫困户8.5万人，贫困地区自来水普及率达到88.5%，贫困群众如期用上安全饮用水。贫困地区交通建设加快推进，年底前将完成农村道路建设900公里，实现行政村全部通硬化路。

二、2018年宁夏社会建设中存在的突出问题

2018年，宁夏社会建设成就显著，但民生事业还存在群众反映强烈的一些突出问题，不仅降低了党和政府的公信力，也侵蚀了社会治理的根基；于机制和制度的不健全不完善，社会治理还存在一些需要高度重视的问题。

（一）社会建设的改革任务较为艰巨，民生保障有短板

1. 教育发展不均衡问题依然突出

一是优质教育资源不足。群众对"入公办园难，入民办园贵"，"择校热"，

"课外负担重"，"民办教育高收费"等问题有意见。农村基础教育明显弱化，学生厌学、辍学现象增多。二是职业教育产教融合、校企合作不够深入，高素质技术技能型人才供给不足。三是高等教育综合实力较弱，人才培养质量有待提高，科技成果转化不足，教育服务经济社会的能力不强。四是教师队伍建设亟待加强。学前教育教师待遇偏低，特殊教育教师数量不足，中小学教师队伍存在结构性短缺，职业教育"双师型"教师普遍短缺，高校高层次人才引进难、留住难。考试招生、教育评价、办学体制和教育管理等改革进展较慢。

2. 就业压力依然较大

一是就业总量压力和结构性矛盾依然突出。招工难和就业难并存，就业岗位与就业能力不匹配的问题依然突出。第三产业吸纳就业的能力有限，重点领域、重点行业、重点企业紧缺专业和岗位设置不足，岗位与专业不对口，培养规模小，难以满足企业需求。急需紧缺人才总量不足、结构不合理、创新能力不强的问题突出。二是隐性失业显性化压力加大。受中美贸易摩擦及经济转方式、调结构、环境保护政策趋严等因素影响，部分涉煤、化工等企业停产减产增多，部分企业处于产业链底端，抗风险能力弱，职工待岗、转岗培训增多。三是劳动者技能素质偏低，就业能力较弱。农村转移劳动力等群体的技能水平偏低，不能适应企业技能型岗位的要求，而企业对技术性人才的需求缺口较大，各行业的熟练技工、高级技工都处于供不应求的状态。四是"慢就业"问题突显。大学生等青年群体就业压力较大，出现"慢就业""缓就业"等现象。

3. 社会保险支付压力增大

一是基金压力加大。从社会保险领域看，受扩面空间收窄、持续阶段性降费、社保待遇刚性增长和享受待遇群体扩大等因素影响，社保基金收支矛盾凸显，有8个市县企业职工养老保险基金出现缺口，基金安全运行压力加大。二是改革压力加大。由于国家正在推进养老保险基金中央调剂金制度和社会保险费征收体制改革，涉及各方面责任划分和利益调整，对宁夏社保制度体系建设带来较大挑战。

4. "健康宁夏"建设任务繁重

一是综合医改难度加大。宁夏是全国综合医改三大改革试点之一，目前，试点已进入"深水区"，主要涉及薪酬、人事、分级诊疗等方面改革难度较大。二是公共卫生服务均等化水平层次依然较低。"大健康"理念认识不足，协同推进"健康宁夏"建设力度还不够,全区城乡居民健康档案规范化电子建档率虽然已接近90%,但对居民慢性病如高血压患者、糖尿病患者的日常规范管理还是远远不够。三是"一站式"结算系统还不完善。四是医师工作负荷较重。医师工作负荷高于全国平均水平但薪酬低于全国平均水平,引才聚才用才的难度较大。

(二)基层社会治理力量较为薄弱,形式主义有所抬头

1. 基层扶贫领域的信访量依然较高

从全区统计数据看,2018年与2017年同期对比,扶贫领域腐败和作风问题信访量呈上升趋势,虽然立案数有所下降,但处理人数呈上升趋势,说明扶贫领域腐败和作风问题还未从根本上遏制,存量依然较大,增量尚未遏止,查处范围更广、面更大。从问题性质看,主要呈现以下三个特点:一是违纪主体主要集中在村组干部。二是违纪行为方式表现为截留挪用、虚报冒领问题。三是优亲厚友等谋取私利现象。

2. 城乡公共安全问题依然多发频发

一是集资风险依然存在。受国内外经济形势影响,以非法集资为特征的涉众型经济犯罪持续高发,涉案金额大,群众损失大,追赃挽损率低,成为诱发和加剧经济金融领域风险的最大隐患。二是经济下行导致的风险。由于企业经营困难,就业压力大,一些行业存在社会稳定隐患。全区公安机关自身还存在着情报预警不精准,重点管控不严密,科技应用效能不理想,执法服务水平不高等问题。三是乡村治安问题突显。随着乡村出现"空心化","三留守"人员自我保护意识不强,防御风险能力弱,致使针对留守老人的诈骗、盗窃犯罪,针对留守妇女的性侵涉暴犯罪,针对留守儿童的性侵和拐卖犯罪呈多发态势,对农村公共安全带来挑战。

3. 为人民服务的观念淡漠,形式主义有所抬头

一是一些部门和干部,履行职能并非全心全意投入,而是得过且过,当一天和尚撞一天钟应付差事。一事当先,出发点不是考虑如何把工作做好,如何维护国家和人民群众的利益,而是自己的地位权益,抱有这种观念的人当然谈不上能真心为人民群众谋利益了。二是检查过多过滥,检查成了开展工作的主要方式。基层部门和干部为了应付上级各个部门和领导的检查,耗尽精力,只能疲于奔命,没有时间履行职能开展工作。基层干部能保持"三分之一工作模式"(三分之一

时间开会,三分之一时间接待上级部门,三分之一时间干工作)已经不错,现在的情况是除了开会和应付检查,做实际工作的时间和精力就很少了。二是"工作不够,材料来凑"。材料和数字堆砌代替具体工作和实际,向上级部门报送五花八门各式各样的报表材料,成了基层部门的"第一要务",材料中许多数字,并未经过严谨的核实核算,往往出自一些印象和判断,甚至一些数字完全背离了真实的情况。三是压力传导,层层加码。"上面千条线,基层一根针",上级下达的任务,全部交给基层去办,而且层层加力加量。一些部门成了文件"二传手",把上级的文件改动后下发给基层去执行完成。有文章指出,这种工作模式就是"开会动员—发文布置—督查考核"。四是官话套话连篇。开会讲话,发文布置,多是围绕"细化措施""督查问责"的官话、套话。不接触实际,更不愿或不敢揭示矛盾和问题。说成绩夸夸其谈,说不足和矛盾,轻描淡写,一笔带过,尽量回避。五是树立样板、建立示范流于形式。树样板示范,是开展工作的重要手段。但有些地方树样板和示范比较随意,或者投入巨资搞成"高大上",并无推广价值。有的样板和示范沦为面子工程和政绩工程,或者基础不扎实,做表面文章,缺乏生命力,昙花一现。

4. 基层治理面临难题

一是在推进属地管理的任务导向下,基层治理面临着"有限资源,全面责任"难题。随着国家推进税费改革和政企分开,基层政府直接支配的公共资源减少。同时,社会的结构性变迁,导致大多数就业者由"单位人"转化为"社会人",原来由单位承担的社会职能转由基层政府及其派出机关承接,街道乡镇肩负的工作职责不断增多,需要应对一切问题,承担全面责任,而开展工作普遍面临"权小责大"、权能不足问题。二是基层街道乡镇开展属地管理也面临着"条块分割,协同不力"的难题。在统一领导体制下,上下级政府注重对口设置机构,行政系统形成"蜂窝状"结构,纵向运作较为顺畅,横向运作的壁垒较多。而城市基层治理要求以人为本,推进整体治理、协同治理,促使各部门相互协调、相互配合,提升回应性,及时发现、处置和化解问题。如何提升跨部门管理能力,是基层治理面临的一项重要课题。

5. 社会心态中的偏执化倾向

一是经济下行压力传导出来的悲观情绪。受国际国内经济形势的影响,有些人就业不顺利，收入有所下降，在一些人中弥漫着"现在什么都不好干"乃至"日子不好过"的悲观情绪。二是部分人群中的焦虑情绪有所显现。有些人觉得事业不成功，事事不顺心，个人前途渺茫，于是焦虑情绪逐渐强化。三是不满情绪在少部分人中有所蓄积。有的人在个人的利益受损或诉求得不到满足，特别是与地位高的成功人士攀比的情况下，失落感加强，甚至把自己的不成功归咎于社会原因，产生不满情绪。值得注意的是，如果对有上述情绪的人缺乏关注和疏导，个别人在特殊的环境下，有可能转化为危害公共安全的行为，个别人甚至会发生对社会的报复行为。

（三）乡村振兴面临要素短缺的制约

1. *乡村基层组织治理能力较弱*

随着农民群体职业分化和收入分化问题的突显，农民对土地的依赖性减弱，对村庄关注度降低，乡村能人外流，导致乡村治理人才短缺，不少乡村的村委会选举只有形式而无实质性内容，村民自治失灵和乡村基层组织管理弱化的现象比较普遍。尽管近年来国家推行"大学生村官"制度在一定程度上缓解了这一问题，但基层组织的凝聚力、战斗力整体上不强，严重影响了乡村社会治理的成效。村干部违纪、违法现象较多，乡村"微腐败"已成为当前乡村社会治理的难点。村干部中的党员干部年龄普遍偏大，文化程度低、思想观念保守，缺乏创新突破精神，导致村级基层组织特别是贫困村的发展活力不足。

2. *乡村文化建设滞后*

在乡风文明建设方面，由于重硬件建设，轻文化建设，乡村特色风貌不突出，缺少深厚的文化底蕴。部分村庄红白理事会发挥作用不明显，农村婚丧陋习、高价彩礼、人情比附、盲目攀比、不守孝道等不良风气一定程度上依然存在。随着互联网的迅猛发展，乡村人际交往的形式纽带发生了较大变化，婚姻家庭的稳定性受到很大冲击，一些乡村离婚率近年来出现持续增长态势，乡风文明建设亟待加强。

3. *农村基础设施和民生领域欠账较多*

受城乡二元结构体制和工业化城镇化快速发展的影响，多年来，宁夏乡村基础设施建设和公共服务由于投入不足，历史欠账较多。农村医疗卫生、教育、文化等各项事业发展滞后，人才紧缺。医疗卫生条件和社会保障待遇城乡差距较大，乡村全科医生匮乏。乡村教育师资力量不足，教育质量不高。乡村小学地理位置偏僻，造成教师分配难、流动性大、流失比较严重。有的乡村村民聚居点布局不合理，私搭乱建房屋、田间建房、生产物资乱堆乱放、生活垃圾随意丢弃、污水乱倒乱排等问题仍然存在，村庄供水、排污、供热、燃气、垃圾处理等基础设施和养老等公共服务设施配置低。推进农村人居环境整治行动投入少，资金缺口大。

三、2019年宁夏社会形势展望及发展对策建议

2019年，宁夏要围绕习近平总书记的"建设美丽新宁夏，共圆伟大中国梦"，进一步夯实社会建设基础，加快民生项目建设，创新社会治理，回应群众关切，推进乡村振兴战略，实现城乡融合发展。

（一）夯实基础，扎实推进民生事业

民生建设是最大的政治。各级党委、政府要聚焦群众最关心、最急需的领域，尽力而为，量力而行，真正把民生实事办实办好。对涉及群众切身利益、群众反映强烈的与日常生活紧密相关的问题，要及时回应全力解决，使"民生工程"真正成为"民心工程"。

1.推动大众消费升级，满足人民群众对美好生活追求

2017年，全国居民的的恩格尔系数是29.3%，而宁夏农村居民2017年的恩格尔系数已经从1978年的76.5%降到了25.3%，城镇居民为24.5%。恩格尔系数的不断下降，标志着温饱已经解决，生活水准大幅提升，有更多的消费是用在了享受和发展需要方面，城镇居民百户家庭拥有汽车达到38辆，相当一部分已经进入或正在进入中等收入群体行列。这说明城乡居民的消费升级，已是社会消费领域内的发展趋势。满足人民对美好生活的追求，一方面要引导人民群众树立科学的消费观，另一方面大力发展文化体育、娱乐休闲、旅游度假、健康养生等产业，加强对食品安全等所有消费领域相关产业的监管，让居民理性消费、健康消费，不断提高消费品味。同时，要促进消费升级。同时，要让居民有积极的消费观，基础条件还是稳定的就业和普惠性的社会保障制度，使人民群众对未来有稳定乐观的预期。"当然，我国仍处于并且长期处于社会主义初级阶段和我国仍是世界最大发展中国家的基本国情没有变，要防止人为地抬高标准、吊高胃口，

推高预期,特别是要防止民粹福利主义的倾向,保持平和理性的社会心态"。

2. 积极解决人民群众关注的教育热点难点问题

要以促进教育公平为目标,积极解决热点难点问题。一是加快发展普惠性学前教育。加大幼儿园建设力度,增加公办幼儿园比例,扩大普惠性学前教育资源,着力解决"入公办园难,入民办园贵"问题。加大政府购买学前教育力度,实施政府购买幼儿园教师岗位,优先补充农村幼儿园,推进农村学前教育规范化发展。二是统筹推进城乡义务教育一体化发展。优化学校布局结构,加强乡村小规模学校和乡镇寄宿制学校建设,增加城市教育资源供给,着力解决"乡村弱,城市挤"的问题。实施优质教育资源扩面提升工程,着力化解"择校热""大班额"问题。大力实施中小学创新素养教育,办好特殊教育。三是深入实施产教融合、校企合作。健全多元化办学体制,推动职业教育产教融合协同发展。出台灵活有效的校企合作优惠政策,提高人才培养质量。四是加强民办教育管理。规范民办学校办学行为,巩固提升校外培训机构集中整治成果。

新型职业教育

3. 应对经济下行压力,全力做好就业创业工作

2018年国际国内的经济形势对经济和整个社会形势产生前所未有的影响。其中"最容易对社会形势产生负面影响的因素,就是就业和物价"中央提出"稳就业、稳金融、稳外贸、稳外资、稳投资、稳预期"的要求,居于第一位的就是

就业。坚持就业是最大的民生，一是落实就业扶持政策，确保就业形势保持稳定。落实企业吸纳就业困难人员社会保险补贴、小微企业吸纳高校毕业生社会保险补贴、高校毕业生灵活就业社会保险补贴、高校毕业生创业补贴、公益性岗位托底等就业扶持政策，深入开展高校毕业生就业创业专项服务活动。二是完善创业帮扶机制，发挥创业带动就业效应。抓好"创业培训+创业担保贷款+创新服务"三位一体帮扶工作机制的落实，加强创业培训和创业担保贷款工作。三是抓好就业扶贫工作，促进农村劳动力就业增收。深入开展就业扶贫"百千万"行动，发挥全国、自治区就业扶贫示范基地以及扶贫车间吸纳就业作用，和劳务经纪人带动就业作用，促进建档立卡贫困劳动力就地就近就业增收。四是发挥失业保险作用，帮助企业和职工稳定就业岗位。深入开展失业保险援企稳岗行动，落实援企稳岗补贴政策和推进技能提升培训补贴政策，引导职工提高职业技能水平和职业转换能力。

4. 健全社会保障制度体系

一是巩固全民参保登记成果。建立精准参保数据库，加强参保数据动态更新，实施精准扩面管理，以非公有制经济组织从业人员、灵活就业人员特别是自主创业从业人员、农民工等群体为重点，推动全员参加社会保险。二是推进基金管理政策落实。跟进国家统一部署，推进养老保险基金中央调剂制度贯彻落实。完善宁夏职业年金基金管理办法等相关配套政策，开展职业年金投资运营工作。三是实事求是确定社会保险缴费标准。2017年、2018年自治区连续两年较大幅度调高了社会保险缴费标准，增加了企业和灵活就业人员负担。建议从宁夏企业的营收情况和就业者的实际出发，从准确计算城镇职工社会平均工资入手，降低企业和灵活就业人员的缴费负担。

5. 全面推进健康宁夏建设

一是突出重点推进管理体制改革。改革公立医院管理体制和运行机制，建立公立医院管理新模式。建立公立医院薪酬新制度，赋予公立医院分配的自主权，进一步调动医务人员的积极性、主动性、创造性。探索公立医院人员总量管理，激发公立医院活力。建立公立医院补偿新机制，加大公立医院投入。通过各种举措，促进公立医院逐步回归公益性。二是优化配置资源积极构建分级诊疗体系。打造医疗集团、纵向医联体、一体化管理、专科联盟等四种形式的医疗联合体，为患者提供优质、快捷的诊疗服务，为联盟单位提供学科共建的发展平台，实现医联体内分级诊疗、资源共享。三是打造"互联网+"医疗服务新高地。充分运用基于"互联网+"的医疗服务新模式，共建"互联网+医疗健康"示范区。四是建立康养结合、共治共享的社会化养老服务体系。

（二）创新社会治理，构建共建共治共享的社会治理新格局

所谓社会治理，是以党和政府为主导，包括社会组织和广大群众等社会力量广泛参与，以维系社会秩序为目标，运用多种资源和手段，提供满足全社会和每个社会成员发展需求的公共服务和公共产品，规范社会行为，协调社会关系，解决社会问题，促进社会团结，对社会系统和社会生活进行组织、指挥、监督和调节的这样一个过程。有效的社会治理，良好的社会秩序，是促进社会公平正义的需要。当前，要围绕群众反映突出的社会矛盾和问题，提高社会治理的法治化、专业化水平，使群众的获得感、幸福感、安全感更加充实、更有保障、更可持续。

1. 完善社会治理体制机制

党委领导、政府负责、社会协同、公众参与、法治保障的社会治理体制，是我国社会治理的基本体制。社会治理体制建设必须以此为指导，既要充分发挥党和政府的主导作用，又要最大限度地调动基层社区乡村的自治积极性，同时积极探索社会组织参与基层社会治理的路径和模式，包括政府购买服务、企业捐赠提供资源、慈善组织和志愿者服务等等。同时，培养一支专业化的社会工作队伍，对于提高基层社会治理水平非常必要，要通过制度建设，让专业的社会工作者能获得相应的报酬，使他们安心扎根基层社会工作。

2. 基本公共服务要着力解决重点问题，满足群众发展需求

根据《社会心态蓝皮书：中国社会心态研究报告（2018）》的调查，从经济压力、人际压力和社会环境压力切入测评公众的社会压力感。数据结果显示，住房、子女教育和物价是当前公众生活的主要压力来源。物价、医疗、住房、子女教育等民生问题与公众利益直接相关，是长久以来公众最关注的重点问题。基本公共教育服务均等化是公众的期盼；住房价格高涨，使购房对中低收入家庭、特别是对进城务工的农民工来说，可望不可及；对重症患者来说，医疗费显然也是沉重的负担。公众对民生问题的忧虑和关注直接体现对美好生活的憧憬和追求。作为社会治理的重中之重，公共服务必须把解决群众最关心、与群众生活休戚相

关的问题作为主攻目标。要回应人民群众对安全社会环境的新期待，维护民族地区社会团结稳定，构建更高水平、更高层次的安全保障体系，坚决打击危害人民生命财产安全的各类刑事犯罪活动，有效化解社会矛盾，维护群众正当权益，高度重视不同人群的合理诉求，维护公共安全，有效遏制重特大安全事故发生，坚决维护法治的统一、尊严和权威。

3. 向基层社会治理倾斜

改变基层政府（乡镇和街道）有责无权、有责无钱和横向统筹协调难的情况。2018年北京市推进街乡进行赋权增能改革，一是推进行政资源下沉街道。为常态化开展联合执法，根据全市统一部署，各区将职能部门的部分执法力量下沉街乡。其中，基层城管执法队的人财物转隶街道，实行以街道管理为主。改革后，街道负责辖区内环境秩序管理和保障，可全权指挥调度城管执法队。二是赋予街乡统筹协调权力。通过改革，街乡对辖区内重大和综合事项拥有处置建议权、统筹督促权、执法评价权、派驻人员任免建议权。三是启动街道大部门制改革试点。统筹设置党政机构，试点街道将原来的20多个科室整合为几个大部门。四是根据问题性质进行分类，构建"街乡吹哨，部门报到"机制，街乡根据问题性质，区分综合执法、重点工作、应急处置等工作，将吹哨分为"常规哨""重点哨"和"应急哨"三类。"常规哨"围绕需要统筹协调的综合执法工作，由街乡统筹城管、公安、消防、市场监管、交通等部门，组成实体化综合执法中心，相关部门派人常驻，由街乡统筹指挥协调，进行辖区综合执法工作。"重点哨"针对"开墙打洞"、拆除违法建设、疏解退出一般制造企业、治理背街小巷等重点难点工作，统筹各类执法力量，形成攻坚克难的"拳头"。"应急哨"围绕突发事件，要求相关部门快速反应、合力处置。上述改革，强化了基层乡镇的权力和统筹职能，提高了基层政府治理效力，值得我们学习借鉴。

4. 营造清朗的互联网空间是社会治理的重要内容

在大数据信息文明时代，网民数量和规模继续保持平稳、快速增长，互联网应用模式不断实现创新，"万物互联""人工智能""5G网络""智慧城市"等已进入人们的日常生活。2016年宁夏的互联网宽带接入用户为111.9万户，预计2018年会超过120万户，而移动电话早已是人手一部，其中大部分为智能手机，也是互联网终端用户，互联网已深刻影响着人们的社会生活。依法加强网络治理，加强对网络新技术新应用的管理，确保互联网可管可控，建立互联网综合治理体系，已成为社会治理不可或缺的内容。要通过健全管理机制，坚决惩戒和打击信息泄密、网络欺诈、黑客攻击等负面影响和违法犯罪行为，切实保护广大网民的合法权益，同时在网络中要建立一个伦理价值体系，从而以普遍适用的网络道德伦理价值来规范网络活动。

（三）乡村振兴战略为农村全面实现现代化提供了难得的机遇

"乡村振兴"是党的十九大报告提出的新时期我国乡村发展的基本战略，这一战略的提出开启了农村现代化建设的新征程。必将对我国农村今后的发展产生深远的影响。党的十九大报告用"产业兴旺，生态宜居，乡风文明，治理有效，生活富裕"概括了乡村振兴的总要求，并提出"建立健全城乡融合发展体制机制和政策体系，加快推进农业农村现代化"，乡村振兴战略提出的根本目标和要求就是要实现农业农村的现代化，其中最重要的也是最符合农民意愿的就是尽快实现生活富裕，在此基础上再满足农民对美好生活的追求。

1. 激发农村发展的内生动力，是乡村振兴的基本条件

农民作为农村的主体，其对乡村振兴战略的认同和参与，是乡村振兴成败的关键。乡村振兴为了农民，同时也必须依靠农民，要充分调动广大农民群众的积极性、主动性，真正让他们成为乡村振兴的参与者、建设者和受益者。在乡村发展中，如果仅仅依靠政府在强推力促，农民不积极参与，即所谓"政府主导，群众旁观"，"干部干，群众看"，那肯定收不到良好的效果。政府也要通过一些切实可行的、确实能给农民带来实惠的项目来调动农民参与的积极性。政府所给予的资源投入是不可或缺的，但这种投入应当通过良好的机制起到四两拨千斤的作用，政府没有条件在乡村基础设施建设中大包大揽，越俎代庖行不通。总之，要激发广大农民积极性、主动性、创造性，让广大农民在乡村振兴中有更多获得感、幸福感、安全感。

2. 开发人力资本：乡村振兴的必由之路

乡村振兴需要一批乡村精英的带动，也需要不断提高农民的整体素质。近年来，一批返乡创业的农民工、农村致富能人和受过高等教育的返乡或下乡创业的青年由于学历高、经验和能力较强并比较富裕而被称为"新乡贤"。新乡贤可以发挥传统乡绅所具有的社会教化职能，同时其知识和能力也可以在化解乡村社会

矛盾，带动村民应对市场风险等方面发挥积极作用。"新乡贤"参与乡村振兴途径有多种：一是"新乡贤"直接参与到村"两委"中来，成为乡村治理的权威人士。二是通过兴办产业，带动农民致富，成为农民致富带头人。三是在村民议事会这样的机构发表咨询意见，参与乡村发展决策。发挥新乡贤的作用，能减少乡村治理成本，使乡村治理资源得到充分利用。

提高农民素质的路径有多种，发展教育是基础，一定要不断提高广大农民的受教育年限；同时通过各种有效的培训，不断提高他们谋生的能力。所谓培训有效，就是培训要走正规化和规范化的路子，而且确实与乡村的发展需求紧密结合起来，而不是应景式的、与农民需求和兴趣相脱节的培训。提高农民素质，需要持之以恒，不能设想在短期内可以见效，但如果政府高度重视，全社会积极参与，久久为功，必有成效。

3. 改善乡村治理，为乡村振兴提供保障

如何治理有效，按照党的十九大报告提出的"三治"（自治、法治、德治）结合的思路，考虑可以从以下方面着手。一是规范和加强乡村治理。如何处理基层政府与村级自治组织的关系是乡村治理的关键。一方面基层政府要发挥国家代

农民领取养老金

理人的角色，执行党和国家在农村的各项政策，并且是国家向乡村投入各种资源的直接实施者。另一方面，村民自治制度的实行又使基层政府不能采取越俎代庖

的方式来干预乡村治理。因此,有专家建议"基层政府向村庄派驻稳定的行政性村级主要领导以承接村庄的各项行政工作。行政性村庄干部在充分了解村庄情况的基础上保障国家的惠农政策按照政策要求在基层得到实施"。还有的地方试图实行村干部的脱产化、正规化、职业化。当然,这还处于探索阶段。二是建立确实能为百姓提供服务办好实事的高效的乡村治理机制。政府制定实施公共政策或实施乡村项目时,必须以需求为导向,充分体现民意,确实能够满足农民、特别是能力差经济低的那一部分农民的需求。同时,还要注意建立沟通交流机制。国家要了解农民的诉求,也要让广大农民了解政府的各种政策和惠农项目。因此,乡村治理机制的沟通交流功能把政府和农民连接起来,这对于减少政府治理成本,实现资源投入的最大效益十分必要。

4. 培育再造新时代的乡村文化,力树文明乡风,塑造农民的新风貌

中国乡土社会在漫长的历史长河中形成了一整套礼仪习俗和行为道德规范,成为乡土社会的黏合剂和稳定剂。传统的乡土文化在当代农村中仍然有着相当的影响力。这些乡土文化的优秀内容,比如尊老爱幼、友邻里重乡亲、互相帮助扶持等等,都应当在新时代弘扬光大,让道德成为约束规范人们行为的基本信条,使优秀的乡土传统文化焕发青春。通过形式多样、丰富多彩的乡村文化建设,去改造缺乏斗志和追求、依赖性强、因循保守和涣散封闭等落后贫困的亚文化,要使文化成为凝聚人心,振奋人的精神,塑造人的精神面貌的积极力量,从而形成敦厚礼让、仁爱诚信、团结和谐、奋斗进取的文明新风。

2018年宁夏文化发展态势与 2019年发展趋势报告

鲁忠慧　牛学智

2018年是中国历史发展进程中具有重要意义、值得隆重纪念的节点之年。这一年是改革开放40周年，是决胜全面建成小康社会、实施"十三五"规划承上启下的关键一年，是全面贯彻党的十九大精神的开局之年，也是宁夏纪念成立60周年历史新起点上，总结过去、立足当下，谋划未来发展愿景的一年。这一年，在60年文化发展成就的基础上，自治区党委、政府紧紧围绕党的十九大精神这条主线，通过实施文化九项工程，将学习贯彻习近平新时代中国特色社会主义思想，以及传播宁夏声音、展示宁夏形象、讲好宁夏故事落实到自治区精神文明建设、文化事业繁荣、文化产业发展之中，推动宁夏文化建设实现了新突破，取得了新成就，为建设美丽新宁夏、共圆伟大中国梦提供了思想保证、精神动力、舆论支持和文化条件。

一、2018年宁夏文化发展顶层设计的引领态势

党的十九大报告精神和2018年习近平总书记在全国宣传思想工作会议上的重要讲话是自治区新时代文化建设发展实现新突破的最高纲领性文献，是自治区

作者简介： 鲁忠慧，宁夏社会科学院文化研究所所长、研究员；牛学智，宁夏社会科学院文化研究所副所长、研究员。

文化建设发展的引航明灯。党的十九大报告指出，繁荣发展中国特色社会主义文化，就必须以马克思主义为指导，坚持创造性转化、创新性发展中华优秀传统文化、继承革命文化、发展社会主义先进文化，坚持党对意识形态工作的领导权，建设具有强大凝聚力和引领力的社会主义意识形态，将培育和践行社会主义核心价值观容融入到精神文明创建、精神文化产品创作生产传播各个环节，融入到舆论导向中，融入到构建中国特色哲学社会科学、建设中国特色新型智库中，不断铸就中华文化新辉煌。2018 年，习近平总书记在全国宣传思想工作会议上的讲话中指出，繁荣发展中国特色社会主义文化，就必须高举马克思主义、中国特色社会主义的旗帜，推动当代中国马克思主义、21 世纪马克思主义深入人心、落地生根，就必须牢牢把握正确舆论导向，唱响主旋律，壮大正能量，使全党全国人民团结一心，为实现党中央确定的宏伟目标前进聚民心，就必须坚持立德树人、培育和践行社会主义核心价值观，为能够担当民族复兴大任育新人，就必须坚持中国特色社会主义文化发展道路，激发全民族文化创新创造活力，为建设社会主义文化强国兴文化，就必须持续推进国际传播能力建设，讲好中国故事、传播好中国声音，向世界展现真实、立体、全面的中国形象。

按照中央的总要求、总部署，自治区党委、政府坚持把学习贯彻党的十九大精神作为首要政治任务贯穿始终，切实用习近平新时代中国特色社会主义思想武装头脑、指导实践、推动文化建设发展，强化坚定文化自信，推动社会主义文化繁荣兴盛的思想自觉。大力实施文化系统党的建设工程，加强党的政治、思想、组织、作风和纪律建设，突出牢牢把握意识形态工作领域领导权，以及培育和践行社会主义核心价值观、加强思想道德建设、繁荣发展社会主义文艺、推动文化事业和文化产业发展五个重点，聚焦推进落实自治区第十二次党代会确定的文化任务，大力实施 60 大庆精品创作工程、文化惠民工程、优秀传统文化保护传承工程、文化产业发展工程、对外文化交流工程、文化市场监管工程、文化改革创新工程，牢牢把握文化建设的总体要求、重点任务，认真落实意识形态工作责任制，正本清源、守正创新，努力繁荣发展社会主义文化，奋力开创文化发展新局面，为实现经济繁荣、民族团结、环境优美、人民富裕，与全国同步建成全面小康社会目标提供强有力的文化支持。

二、2018年宁夏文化建设发展态势

2018年,精神文明建设进一步夯实了理想信念之基,铸牢了主流价值之魂,弘扬了时代文明之风,全区人民的思想觉悟、道德水准和文明素养不断提高。公共财政对文化建设的支持继续加强,公共文化设施不断完善,覆盖城乡的公共文化服务网络初步建立,公共文化服务理念逐步深化,公共文化服务能力和均等化水平逐渐提高;文化产业进一步发展,文化产业社会效益与经济效益"双效统一"成效显著。

(一)2018年宁夏精神文明建设发展态势

1. 突出意识形态工作的重要性,强调要牢牢掌握意识形态领导权

一是及时组织传达学习,深刻领会宣传思想工作会议精神。自2018年10月21日至22日全国宣传思想工作会议和10月29日全区宣传思想工作会议召开以来,全区宣传文化系统及时召开专题会议迅速传达学习,展开了认真抓好贯彻落实工作。第一,强调学习是为推动全区各项事业发展提供坚强思想保证和精神动力。全面展开对全国宣传思想工作会议及全区宣传思想工作会议精神的学习,进一步深化认识,自觉把思想行动统一到自治区党委的部署要求上来,全力抓好各项任务落实,突出宣传思想工作水平,为推动全区各项事业发展提供坚强思想保证和精神动力。第二,突出学习是为了强有力地贯彻落实,聚焦工作重点。全面贯彻党的十九大和十九届二中、三中全会精神,认真学习贯彻习近平总书记视察宁夏重要讲话精神,紧紧围绕"五位一体"总体布局和"四个全面"战略布局,牢固树立和践行马克思主义民族观宗教观,全面准确贯彻党的民族政策和宗教工作基本方针,坚定不移走中国特色解决民族问题的正确道路,坚持和完善民族区域自治制度,深化民族团结进步教育,铸牢中华民族共同体意识。大力培育和践行社会主义核心价值观,大力弘扬中华民族优秀传统文化,教育各族群众牢固树立"三个离不开"思想,树立正确的祖国观、民族观、宗教观、历史观、文化观,不断增强各族群众对伟大祖国的认同、对中华民族的认同、对中华文化的认同、对中国共产党的认同、对中国特色社会主义的认同,建设各民族共有精神家园。积极持续开展了国旗、宪法和法律法规、社会主义核心价值观、中华优秀传统文化"四进"宗教场所活动。

二是加强党对宣传思想工作的全面领导，牢牢掌握意识形态领导权。全区高度重视意识形态工作，重点强调压紧压实领导责任、主体责任。第一，研究制定了《意识形态工作责任制考核办法（试行）》，将意识形态工作纳入目标管理考核，为推进意识形态工作责任制落实奠定了基础，为加强党对宣传思想工作的全面领导创造了条件。要求各级党委（党组）要切实担负起政治责任和领导责任，旗帜鲜明坚持党管宣传、党管意识形态，形成党委统一领导、党政齐抓共管、宣传部门组织协调、有关部门分工负责、社会力量积极参与的大宣传格局。第二，深入开展"牢固树立马克思主义民族观宗教观"和意识形态责任制专题等讲座。针对中央第八巡视组巡视反馈意见，制定了整改细化方案，对意识形态工作进行了全面督查，并将所有督查问题以清单形式予以反馈，要求按期整改。第三，强化领导干部的意识形态责任制。通过各级党委（党组）中心组学习、工作推进会、专项督查等方式，指导督促各级党组织落实好党委抓意识形态工作的主体责任、"一把手"的第一责任、分管领导的直接责任、班子成员的"一岗双责"等职责，推动意识形态工作责任制各项要求的切实落实。

在牢牢掌握意识形态领导权的具体措施上，全区把深入学习宣传贯彻习近平新时代中国特色社会主义思想作为指导思想，始终坚定马克思主义、中国特色社会主义信仰，以增强"四个意识"、坚定"四个自信"为具体衡量标准，以练好脚力、眼力、脑力、笔力为措施，在不断提高把握正确方向导向的能力、巩固壮大主流思想文化的能力、强化意识形态阵地管理的能力、加强网上舆论宣传和斗争的能力、处理复杂问题和突发事件的能力上，取得了显著成绩，有效承担落实了"举旗帜、聚民心、育新人、兴文化、展形象"的使命任务。

2. 强化党员干部的理论武装，夯实社会主义核心价值观

一是健全学习制度，制定实施办法，推进理论学习规范化。银川市制定《银川市党委（党组）理论学习中心组学习实施办法》，对各级党委（党组）中心组理论学习考勤、旁听、调研、考核等制度作出具体安排。固原市紧紧抓住领导干部这个"关键少数"和党委（党组）中心组学习这个"重要平台"，探索出督查中心组学习巡听旁听的可行性制度。石嘴山市制定《开展"新时代农民（市民）讲习所"工作助推市民素质提升的意见》，在全市农村和社区广泛组建新时代农民（市民）讲习所，达到了阵地"便民化"、讲习内容"菜单化"、讲习队伍"多

样化"、讲习机制"常态化"的要求,深入基层持续开展"讲""习",使党的最新理论成果扎根基层、扎根群众。吴忠市充分发挥区、市、县三级宣讲团主力军、主渠道作用,精心开展了"党的十九大精神进万家万名干部大宣讲"活动,组织开展了"百场万人"马克思主义民族观宗教观宣讲活动,形成理论大宣讲格局。中卫市制定了《关于规范和改进时政新闻宣传报道的实施细则》《关于加强和改进党的新闻舆论工作的实施意见的分工方案》等,主流意识形态话语影响力进一步增强。

二是创新方式方法,构建新型平台。银川市围绕干部群众关心的热点难点问题,探索"1+X"微宣讲、互动式宣讲、宣讲小分队、社科专家宣讲团等方式,打造社科基地、群众广场文化、农村小舞台、小讲堂等有效载体,让基层宣讲"接地气",让政策宣传"入人心"。固原因地制宜,以"德润六盘"行动为总纲,文明单位文明村(社区)开展"双百"结对共建活动,城乡加强"道德讲堂""善行义举四德榜"和"移风易俗模范榜"建设,并且把隆德县树为新时代文明实践中心建设试点,率先抓典型建设一批社区"家风家训馆"、农村"孝贤礼堂",深化、细化了理论学习的实践作用。石嘴山市创新"周五讲堂""双周一讲"等多种方式,按照"党的十九大精神解读""宪法解读""实施乡村振兴战略"等不同领域推行"菜单式"宣讲,建立"基层宣讲面对面"示范点,推动基层百姓宣讲常态化。吴忠市有针对性地组织举办了首届基层理论"微宣讲"大赛,效果显著。中卫市扎实做好中央环保督察"回头看"、创建全国文明城、全面从严治党、重大赛事活动宣传报道,开设了"环保进行时——碧水蓝天·绿色家园""创建全国文明城市·做文明有礼中卫人""党旗飘飘""清廉中卫"等专栏,方法灵活、形式多样、内容生动,社会反响良好。

3. 广泛开展文明创建、移风易俗活动,推进群众性精神文明建设走向深入

一是一年一度的各级文明城市和文明单位创评,城市文明行为考核科学化、制度化,已经成为不断引导人们树立和坚持正确的历史观、民族观、国家观、文化观的坐标。目前,全区的全国文明单位增至116个,自治区文明单位增至636个。

二是农村移风易俗初见成效。在全区上下的不懈努力下,宁夏移风易俗工作取得显著成效,全区行政村红白理事会建设、村规民约修订实现全覆盖。"高价

彩礼"、婚丧喜庆大操大办等陈规陋习的蔓延势头得到有效遏制。在各级党委宣传部、文明办等部门的大力推动下，各县（市、区）普遍建立移风易俗工作领导小组，对党员干部参加和操办婚丧喜庆事宜作出明确规定。在村"两委"推动下，行政村建立了红白理事会组织机构，发挥了刹歪风、破陋习、正民风方面的作用。2018年8月召开的全区精神文明建设工作大会上，自治区文明委表彰了5个移风易俗工作县（区）、20个先进村镇、30个先进红白理事会、50个移风易俗模范户。

（二）2018年宁夏文化事业建设发展态势

1. 新闻舆论引导力、影响力进一步提升，主流思想、社会正能量根深叶茂

一是突出重点主题宣传。围绕党的十九大精神、习近平新时代中国特色社会主义思想、改革开放40周年、自治区成立60周年主题宣传，自治区各级各类媒体同向发力、协同联动，形成了全方位、多层次、多声部传播党的创新理论的舆论矩阵，使宣传阐释"天天见、天天新、天天深"，着眼增强吸引力和感染力，把习近平新时代中国特色社会主义思想融入重大活动、重大事件，融入各种主题教育活动、各种创建品牌、各类先进典型宣传，融入各种文化产品、文化服务、文化活动，一条"红线"贯穿方方面面。自4月份自治区成立60周年大庆新闻宣传活动启动以来，区内外媒体集中开展全方位、高密度、立体化的宣传，共刊发专题报道1.6万余篇，参与报道的网站989家、微信公号329家、报纸133家，数目之众前所未有。

二是围绕中央和自治区党委、政府的重大部署、重要政策、重点工作，精心设置宣传议题。

三是媒体以自治区60大庆、改革开放40年宁夏成就为核心内容，全方位传播宁夏声音。积极拓展平台，"走出去"宣传宁夏。通过"中央媒体宁夏行""见证宁夏60年""国外媒体看宁夏"等外宣平台，开展新闻发布、参与各种外宣活动，先后组织全国主流媒体宁夏行11次，邀请140多家国内外媒体700多名记者来宁采访报道，充分展示宁夏实施"三大战略"的新理念新举措新成就，让中国乃至世界看到了一个"不一样的宁夏"。随着《习近平引领宁夏走上复兴之路》《情满塞上奋进逐梦——以习近平同志为核心的党中央关心宁夏发展纪实》等一批点击量过千万稿件的密集推出，宁夏的美誉度、知名度也一同攀上新高度，主旋律

歌声嘹亮。中央主流媒体刊播宁夏的稿件数量逐年上升。2018年全国"两会"，央视《新闻联播》几乎天天播发宁夏代表团的"好声音"。宁夏枸杞、硒砂瓜、大米、贺兰山东麓酿酒葡萄、固原马铃薯、盐池滩羊等特色产品轮番在央视"亮相"，并借助这个高端平台，打开了"叫得响、卖得出、立得住"的新局面。

2. 文化产品供给丰富多彩，人民群众文化获得感幸福感持续增强

2018年是自治区成立60周年，文化产品供给量明显增加。

一是持续开展常态化、制度化、规范化的文化惠民活动。持续开展年送戏下乡惠民演出1600场以上，年举办"清凉宁夏"广场文化演出1500场以上，持续举办"欢乐宁夏"全区群众文艺会演、"戏曲进校园"、"新春乐"全区社火大赛、"百姓大舞台"文艺演出、农民文化大院技艺展演、农民广场舞大赛等品牌文化活动，持续依托综合文化活动中心、农村文化广场、农民文化大院等开展的基层文化活动，以及持续开展每年为每个农家书屋配置价值2000元的图书。

二是围绕60大庆举办的文化活动。自治区党委宣传部、文明办组织中央电视台"心连心"艺术团慰问演出，开展中国文联"送欢乐·下基层"活动，举办60大庆精品节目到基层巡回演出和"天天有好戏·场场都精彩"宁夏文艺精品舞台巡回演出等，宁夏演艺集团国家艺术基金资助项目话剧《丝路天歌》在盐池等地开展巡演，话剧《闽宁镇移民之歌》走进闽宁镇各村演出，让自治区60大庆成为广大群众的节日。举办自治区成立60周年庆祝大会群众文艺表演活动，以"塞上儿女心向党"为主题，精选各地优秀文艺节目、地方特色文化等，通过仪仗方队、主题表演等形式，集中展示了全区各地精准扶贫、闽宁协作、开放发展等历史成就。以"中国梦·宁夏情"为主题，以宁夏艺术节为平台，举办喜迎60大庆宁夏精品剧目演出月，举办有120支合唱团、8000多人参与的"颂歌唱宁夏共筑中国梦"全区群众大合唱，以及宁夏优秀音乐作品传唱、宁夏美术精品巡展等，开展"欢乐宁夏"全区群众文艺会演等60大庆系列文化活动，使全区百姓在享受60大庆欢乐祥和的文化氛围中增强了幸福感。

三是持续开展以"全民阅读·书香宁夏"为主题的阅读活动，不断营造崇尚读书的文化氛围。2018年，自治区党委宣传部、自治区新闻出版广电局在全区开展以"耕读传家，润物无声"为主题的第二届宁夏乡村读书节活动，大力推动自治区全民阅读进农村、进农户。

3. 打造文艺精品，弘扬时代精神

坚持以人民为中心的创作导向，大力实施自治区60大庆精品创作工程。坚持思想精深、艺术精湛、制作精良相统一，打造出弘扬主旋律、传播正能量、反映社会现实和地方特色的艺术精品。实施重点艺术精品创作项目，推动舞台艺术产品创新，加强现实题材和地域题材文艺创作。

话剧《闽宁镇移民之歌》

一是重点创排自治区60大庆主题文艺晚会，以庆祝改革开放40周年和自治区成立60周年为契机，重点扶持资助了话剧《闽宁镇移民之歌》、秦腔现代戏《擎天一柱》《王贵与李香香》、音乐剧《花儿与号手》、现代京剧《花漫一碗泉》、秦腔现代戏《青铜峡》、杂技剧《岩石上的太阳》和音舞诗画《红旗漫卷六盘山》8部自治区成立60周年献礼剧目及《风景这边独好》、现代眉户剧《筑坝塞上》等一批讴歌党、讴歌祖国、讴歌人民、讴歌英雄的精品力作。其中，话剧《闽宁镇移民之歌》入选文化部2017年度国家舞台艺术精品创作扶持工程十大重点扶持剧目，参加2018年文化部举办的优秀剧目展演的开幕大戏和现实题材优秀剧目展演；秦腔现代戏《王贵与李香香》入选2017年度文化部西部地区剧目扶持重点剧目和2018年度国家舞台艺术精品创作扶持工程十大重点扶持剧目，第二十届中国上海国际艺术节参演剧（节）目；现代京剧《花漫一碗泉》入选文化部2018年度西部地区及少数民族地区扶持剧目。群舞《守在村口的娘》《脚户行》入选第十二届全国舞蹈展演。

二是通过鼓励积极申报国家艺术基金项目，提升文艺创作的品质。2018年自治区共申报171项，申报项目数位列全国19位，获得扶持资助项目11项，扶持资金为795万元。

三是各级院团创作踊跃，新创剧目成果丰硕，特点鲜明。2018年，全区各级各类文艺院团共创作生产剧（节）目65个，每个院团（国有、民营）创作1.5部剧（节）目。这些剧（节）目的特点是艺术门类齐全、内容丰富、现实题材作品突出、地域特色鲜明，且民营院团积极性持续提高。

四是推出文学精品文集，文学作品有亮点。张贤亮的《绿化树》入选40部"改革开放四十年最具影响力小说"；马金莲短篇小说《1987年的浆水和酸菜》获得中国作协第七届鲁迅文学奖；为庆祝自治区成立60周年，宁夏作家协会推出《宁夏文学作品精选集》；4位宁夏作家、评论家创作与研究课题入选中国少数民族文学重点作品扶持项目；2位少数民族作家著作入选"少数民族文学之星丛书"项目等。

4. 构建文化传承体系，重视文化遗产保护

大力实施优秀传统文化保护传承工程，增强对中国特色社会主义文化历史渊源、发展脉络、基本走向的认识和理解，坚持以中华优秀传统文化、革命文化、社会主义先进文化为根脉，加强文物、非遗的保护利用和传承。

一是2018年自治区出台了《宁夏回族自治区实施中华优秀传统文化传承发展工程方案》。

二是推进文化遗产的保护利用与传承发展。第一，继续推进文物保护基础工作。完成银川玉皇阁等5处全国重点文物保护单位保护规划，公布自治区第五批文物保护单位，组织开展申报第八批全国重点文物保护单位工作。完成战国秦长城原州区段、明长城中卫姚滩段和石嘴山红果子段等加固修缮工程。完成彭阳姚河塬商周遗址考古发掘工作。第二，开展岩画田野调查和研究工作，完成《中国西北地区岩画艺术史研究》课题，出版《岩画研究》。第三，深入挖掘丝路文化、红色文化资源，实施宁夏红军长征红色线路、革命遗迹保护利用工程，准确阐释长征精神，完成将台堡革命旧址抢险加固工程，启动红军西征革命遗迹保护规划

编制工作。继续推进西夏陵和丝绸之路固原段申报世界文化遗产工作,实施西夏陵展示利用工程、须弥山石窟加固工程和固原古城遗址加固工程。第四,自治区"古城遗址保护信息资源共享服务平台研究与应用"项目获2018地理信息科技进步二等奖,这是地理信息科技进步奖设立以来宁夏文化文博系统唯一取得最高成就的科技成果。古城遗址保护信息资源共享服务平台的建设,实现了多维度、多源数据可视化管理和古城保护共享应用。

三是不断加大"非遗"保护传承力度。第一,对各地"非遗"保护传承工作情况进行了全面督查,实地督查市、县文化馆("非遗"中心)、"非遗"展示室、保护传承基地(点)60余处,走访传承人50多名。第二,完善"非遗"名录体系。固原砖雕、杨氏家庭泥塑、回族剪纸技艺、贺兰砚制作技艺4个项目被列为国家第一批传统工艺振兴目录;13名传承人被文化和旅游部命名为第五批国家级"非遗"代表性传承人,入选率达86.6%,创历史新高。第三,加大"非遗"代表性传承人资助力度。对国家级代表性传承人每人每年给予2万元补助,将自治区级"非遗"代表性传承人补助标准从每年3000元提高到5000元,补助自治区代表性传承人146名。对11个全区"非遗"保护先进单位、17位全区"非遗"保护先进工作者、13个优秀传承基地进行表彰鼓励。第四,加快推进"非遗"保护利用的设施建设。建成固原魏氏砖雕保护利用设施、平罗县回族乐器保护利用设施;银川市秦腔保护利用设施建设项目即将开工建设。第五,与产业融合,推进"非遗"传承发展。重视海原县非物质文化产业园、马兰回乡刺绣文化产业园等特色文化产业示范区的建设,开拓剪纸、刺绣、麻编等手工艺的市场。西北五省区成立丝绸之路文化遗产保护工匠联盟,2018年在宁夏固原市隆德县开展首届西北五省区非遗文化旅游博览会活动。

四是实施宁夏戏曲振兴计划。支持复排经典戏曲剧目,创排戏曲新品,实施戏曲名家收徒传艺计划,推进戏曲进校园,启动戏曲进农村工作。举办"中国梦·宁夏情"梅花贺新春戏曲展演活动,开展戏曲团体评定工作,建立全区戏曲数据库。

五是实施传统工艺振兴计划,出台落实传统工艺振兴计划实施方案。

5. 补短板提效能,构建现代公共文化服务体系建设步履坚实

一是补齐五级公共文化设施短板。第一,重点推进宁夏美术馆、宁夏人民剧院浮雕墙和宁夏文化馆维修改造"三大工程"。推动固原市"三馆"和县区"两馆"

建设。固原图书馆、文化馆、丝路文化展览馆正在进行室内外装修及绿化亮化工作。新建红寺堡区文化馆，改建利通区图书馆、文化馆，新建青铜峡市图书馆、文化馆，新建彭阳县文化馆、盐池县图书馆。第二，推进乡镇综合文化站建设。财政资金600万元支持新建10个标准化乡镇综合文化站。第三，大力支持基层公共文化服务体系建设。投入财政资金3330万元、文化部专项资金1052万元，为贫困地区555个村综合文化服务中心配齐活动器材，实现全达标。扶持村综合文化服务中心、农民文化大院、民间文艺团队150个。财政投入资金1200万元，对川区240个村综合文化服务中心实施功能提升。实施公共数字文化平台建设、特色资源建设和服务推广项目。

二是推进国家公共文化服务体系示范区创建，提升我区公共文化服务体系建设的转型升级。目前，宁夏的5个地级市中已有4个市开展了国家公共文化服务体系示范区创建活动，银川市、石嘴山市分别于2013年、2016年被命名为第一、二批国家公共文化服务体系示范区，吴忠市第三批国家公共文化服务体系示范区创建正在进入国家评估验收阶段，固原市被确定为第四批创建国家公共文化服务体系示范区。

三是提升公共文化服务效能。以提升乡镇（街道）综合文化站、村（社区）综合文化服务中心服务效能为重点，开展"基层公共文化服务效能提升年"活动，进一步完善基层文化阵地管理规范、服务制度、评议考核机制，促进建管用协调发展。深入推进"三馆一站一中心"免费开放服务，使服务项目、服务人次、开展文化活动的场次在自治区实施标准的基础上有10%的增加。2018年第六次全国县级以上公共图书馆评估定级宁夏有8个馆被评为国家一级馆，14个馆被评为国家二级馆，3个县区图书馆被评为三级馆。全区公共文化场馆实现无障碍、零门槛向公众免费开放，年服务群众在150万人次以上。

四是以文化扶贫助力乡村振兴。为加快推进文化小康，助力脱贫富民和乡村振兴战略，不断满足人民群众日益增长的美好生活需要，2018年，自治区出台了《关于加快推进文化小康助力脱贫富民和乡村振兴战略的实施意见》，贯彻落实脱贫富民战略工程，发挥文化扶贫的扶智、扶志作用，充分利用各类文化阵地、设施，开展民风民俗教育活动。以刺绣、剪纸等非物质文化遗产创造性转化为突破口，开展文化创意，开发文化工艺产品，提高脱贫致富能力，助推贫困地区群众增收致富。

五是大力实施文化改革创新工程,不断完善公共文化服务体系建设体制机制。贯彻落实创新驱动战略,强化创新理念和创新思维,加快公共文化服务体系建设的体制机制的健全。第一,推进县级公共文化馆、图书馆总分馆制试点建设,建立合作共建、结对帮扶、区域联动机制,推动县乡村互联互通、资源共享。已有12个县级图书馆、5个县级文化馆开展了总分馆制试点建设,建成图书馆分馆66个、文化馆分馆14个。第二,推动公共文化机构法人治理结构改革,促进地市公共图书馆、文化馆、博物馆组建理事会。

两馆一中心

六是通过实施文化人才培养工程,持续加强基层公共文化人才队伍建设。第一,借力国家级培训班的育人机制。按照文化和旅游部总体安排,组织选派人员参加公共服务司主办的市级文化科长、县级新任文化局长、文化馆长、图书馆长以及群众文化等各类示范性培训,遴选《我是你的贫困户》等3件优秀作品,组织编创人员参加了全国群众文艺创作(戏剧)高级研修班等,参加培训人员40人多次。第二,充分发挥区级培训班的育人机制。举办2018年全国公共文化巡讲暨"春雨工程大讲堂"全区文化业务骨干培训班、全区学习贯彻《公共图书馆法》培训班、全区文化馆长及数字文化骨干培训班、第四届"迎新春全区群众书法绘画摄影大赛"创作培训班、全区广场舞培训班等全区示范性培训11期,培训基层文化队伍1000余人次。第三,依托区市县三级文化设施培训网络,大力开展基层文化管理人员、专业人员、文化骨干培训,全年培训3万人次。第四,实施"阳光工程"农村文化志愿者行动计划和"圆梦工程"农村未成年人文化志愿服务计划，招聘29名农村文化志愿者和30名乡村学校少年宫文化辅导员，配备到贫困地区村综合文化服务中心和中小学等地开展志愿服务。第五，实施基础性文艺人才培养计划，以宁夏艺术职业学院为依托，采取院企合作方式，培养一批本土专业艺术人才。

6. 开展对外文化交流，提升"神奇宁夏"美誉度

大力实施对外文化交流工程，加强部区对口合作交流，实施斯里兰卡中国文化中心年度文化交流合作项目，承接中非合作论坛项下活动，参与2018香港中秋彩灯会，加快推进中阿友谊雕塑园项目。推动区域文化交流合作，支持举办第四届中国宁夏"锦绣杯"WDC国际标准舞艺术节，创新举办第十六届中国西部民歌（花儿）歌会。提升宁夏文艺精品的传播力和影响力，积极参加全国舞台艺术优秀剧目展演、全国基层院团戏曲会演、第二届全国舞蹈展演等重大展演活动。

（三）2018年宁夏文化产业建设发展态势

2018年，自治区以实施文化产业发展工程为抓手，以构建现代文化产业体系和市场体系为目标，借力全域旅游示范区建设，不断推动产业融合发展，持续扶持文化产业园区、文化市场主体的发展，同时注重对新型文化业态的培育，文化产业呈现出稳中向好的发展态势。党的十八大以来，文化企业数量逐年增加，规模以上文化企业由2012年的54家增加到2017年的108家，文化产业增加值由51.7亿元增加到2017年的81.45亿元。

1. 推动文化产业集聚化、集约化水平持续提升

全区累计创建国家级文化产业示范基地6家、试验园区1家；评选命名自治区级文化产业示范园区4家、示范基地53家、示范户66家、特色村镇5个，文化产业示范区、示范基地及示范户和特色村镇规模不断扩大，集聚化、集约化水平持续提升。2018年，为推动我区文化产业科学健康、可持续发展，通过对自治区这些示范园区、基地、示范户的全面巡检，初步建立、实施退出机制的动态模式的管理机制。为进一步发挥文化产业园区、基地等的引导、带动作用，2018年，自治区重点支持了贺兰山东麓葡萄文化长廊创建国家特色文化产业园区、银川iBi育成中心争创第二批国家级文化产业示范园区、石嘴山星海湖国家文化产业试验园区申报"2018年度国家级文化产业园区服务能力提升计划项目"，以及宁夏中卫西部云基地产业园、宁夏沙坡头水镇文化旅游产业园、固原三石文化

产业园、宁夏金山文化产业园、互联网影视产业园建设发展。

2. 培育、扶持新型业态发展壮大

通过举办世界电子竞技大赛、宁夏动漫节、银川文化创意节等，培育电竞、动漫等新兴文化产业；支持文化文物单位文化创意产品开发，鼓励文化企业动漫、网络游戏及文化衍生产品的开发，加快文化创意产业发展；与中国动漫集团有限公司在银川签署战略合作框架协议，制定"中国动漫集团众创空间宁夏基地"方案，探索部区合作模式；积极为宁夏文创企业提供会展平台、宣传及品牌推广服务，依托中国动漫集团产业资源优势，举办AFN2018"一带一路"（宁夏）动漫节、"艺术宁夏"艺术品博览会等重大节展活动，在宁夏设立"一带一路"动漫品牌推广中心。

3. 促进文化与文化产业融合发展

加强文化资源与旅游业的融合发展。加强演艺业与旅游的融合，《黄河颂》等剧目进景区演出，提升《沙坡头盛典》《宁夏川好地方》等旅游演艺剧目品质，协调在景区设立文创产品展销中心，促进文艺剧目、非遗项目进景区。加强葡萄文化资源与旅游的融合发展，积极推进建设葡萄文化中心、葡萄酒生态文化城、特色葡萄主题小镇的建设，宁夏枸杞文化小镇入选首批中国起源地文化产业示范基地。推动文化与科技融合，支持宁夏秒银互联网科技有限公司自主研发手机广告精准分配平台，成为移动互联网手机广告第一品牌。促进文化企业与文化文物单位进行创意合作，激励文化企业设计制作既能代表宁夏本土文化，又能满足不同消费群体的文创产品。扶持"宁夏有礼""固原有礼"、剪纸、刺绣、沙画、砖雕等文创产品走出宁夏，积极参加深圳文博会、西部文博会、北京文博会等国际性展会，促进文化产品交流与合作。

4. 积极推动申报国家文化产业扶持项目以及各类扶持计划，推动文化产业发展

为推动文化产业繁荣发展，国家设立了各类文化产业扶持项目、扶持计划等，自治区积极鼓励我区文化企业积极申报，成效显著。2018年，"东方情韵"中国文化IP展暨巴基斯坦首届中国传统文化文创展入选"文化产业国际合作和文化贸易促进项目"扶持名单，获得了该项目全国最高扶持金额65万元；宁夏图书馆入选文化和旅游部2018年度"百馆百企对接计划"扶持项目，10万元扶持资金；新科动漫产业有限公司"新动壹零众创空间"入选2018年度"文化产业双创扶持计划"，获得15万元扶持资金；巴鸟麻编手工坊的巴鸟文化产业西雅图合作项目入

选2018年"一带一路"文化贸易与投资重点项目,获得35万元经费补贴,同时,宁夏智慧宫文化传媒有限公司的"建设'一带一路'阿拉伯国家影视播放服务平台"入选2018年"一带一路"文化贸易与投资重点项目;自治区非遗固原砖雕、杨氏家庭泥塑、回族剪纸技艺、贺兰砚制作技艺进入第一批国家传统工艺振兴目录。

5. 演艺、电影院线创新发展见成效

一是演艺院线探索发展初见成效。宁夏人民剧院作为我区一家具有代表性的大型综合性文艺演出场所,近年来坚持"艺术性、经典性、特色性"的品牌定位,实行专业化管理、多元化演出机制,推出了"名家、名团、名剧、名曲"公益性演出季,同时引进战略合作伙伴进行资本运作,在创意策划、宣传推广、票务营销等方面形成灵活多样的合作形式,市场份额逐步扩大。初步统计,2017年,宁夏人民剧院大剧场演出场次达217次,观众人数18万左右,平均每场人数约800人;截至2018年6月,宁夏人民剧院累计演出476场,惠及观众近50万人次。2018"演艺中国"博览会发布了2017中国演艺排行榜,宁夏人民剧院大剧场从参评的1171家专业演出场馆中脱颖而出,跻身西北最具活力前五强,排名第二,这也是宁夏演艺场馆首次进入中国演艺场馆排行榜。2018"演艺中国"博览会至今已举办十届,此次参评的宁夏、陕西、甘肃、青海、新疆、内蒙古等西北区域大型演出场馆有近200家。

二是据电影统计数据显示,我区城市电影票房持续增长。2016年我区城市电影票房总收入首次突破2亿元大关之后,2017年,宁夏城市电影票房总收入达2.19亿元,继续保持2亿元以上的佳绩,2018年上半年,我区城市电影票房已达1.1亿元,票房收入增长势头不减。

6. 以"讲好宁夏故事"为主题,推动影视业的发展

2018年,围绕改革开放40周年、自治区成立60周年大庆主题,影视精品迈上新的节点。2018年是宁夏影视剧出品数量最多、体量最大、质量最好的丰收年。这些影视剧整体上呈现出政治素质过硬、地域气质突出、有分量、有底蕴、有质感的特点。出品的电影有以东西合作、精准脱贫为主题的《闽宁镇》、探索人性真善美的《阿修罗》,以及《这一道沟,那一道梁》《双十一脱单记》4部。电视剧有改编自著名作家张贤亮同名小说、以歌颂人性真善美,传递时代正能量的《灵与肉》,反映宁夏人民防沙治沙用沙的壮举,建设美丽宁夏的《我

拿什么奉献给你》，以及《一千零一夜之拯救黄金城》3部。其中《灵与肉》最具有社会影响力，社会反响度最高，成为2018年度热播电视剧。根据中央电视台收视率调查结果显示，该剧每集平均收视率在1.5%以上，最高峰值达到2.5%，位列同期全国电视剧收视率排行榜第1名，累计收看人数超过1亿人。同时，为迎接改革开放40周年和自治区成立60周年，中央和自治区分别给予838万元和1700万元，推动2018年自治区电影业的发展。

7. 实施文化改革创新工程，深化文化企业改革

深化国有文艺院团改革，完善法人治理结构，创新生产经营机制，坚持把社会效益放在首位、社会效益和经济效益相统一。2018年以来，积极推动转制文艺院团深化改革，组织宁夏演艺集团通过2个小剧场推出秦腔、话剧和小综艺舞台演出，在银川地区持续推出精美歌舞、惊险杂技、经典戏曲、精彩话剧等一批优秀文艺节目，切实满足游客和市民的文化需求，既推动了文艺惠民乐民，也锻炼了专业人才队伍，培育了宁夏演艺市场，实现了社会效益和经济效益"双效统一"。

8. 大力实施文化市场监管工程

落实《关于进一步深化文化市场综合执法改革的实施意见》，推动文化市场综合执法改革。进一步加大"放管服"力度，提升公共服务质量，促进文化市场健康发展。加强文化市场日常监管，强化执法指导和监督，深入推进文物法人违法三年整治行动，突出上网服务营业场所、歌舞娱乐场所等重点领域监管。全面推行文化市场"两随机一公开"，加强信用体系建设，推动文化市场分级管理。加快综合执法信息化建设，提高技术监管与服务平台使用率，开展文化市场移动执法。实施阳光娱乐行动计划，深入推进文化娱乐业、上网服务业转型升级。落实主管部门文化市场安全生产监督责任、文化经营单位安全生产主体责任，确保文化市场安全。

三、宁夏文化发展趋势展望

（一）习近平总书记在全国宣传思想工作会议上的重要讲话，是自治区新时代文化建设的根本遵循

进入新时代，自治区文化建设的历史使命就是要以习近平新时代中国特色社会主义思想和党的十九大精神为指导，坚持中国特色社会主义文化发展道路，将

举旗帜、聚民心、育新人、兴文化、展形象融入社会主义核心价值观的培育与践行中、融入繁荣发展哲学社会科学中、融入文艺创作中，融入构建现代公共文化服务提建设、建立健全现代文化市场体系中，融入构建现代传播体系中，融入传承中华优秀传统文化中，融入提高文化开放水平等各个方面、各个领域，为实现经济繁荣、民族团结、环境优美、人民富裕，确保与全国同步建成全面小康社会目标，为建设美丽新宁夏、共圆伟大中国梦提供精神动力和文化支撑。

（二）创新驱动理念将会带动精神文明建设方式更加适应新时代人民的新要求

新时代，我区精神文明建设将继续高举理想信念旗帜，筑牢中华民族共有的精神家园，以社会主义核心价值观凝魂聚气、激发持久的中国力量，继续以培育和践行社会主义核心价值观为根本，以正确舆论凝心聚力，以先进文化塑造灵魂，广为弘扬爱国主义精神、集体主义精神、社会主义精神、伟大改革开放精神，引导推动全社会树立文明观念、争当文明公民、展示文明形象。更加坚定的主流价值、更加高扬的道德旗帜、更加清朗的社会风气，聚合起全区人民同心同德的磅礴力量，为实现"两个一百年"奋斗目标和中华民族伟大复兴的中国梦而不懈奋斗，这是我们精神文明建设始终不变的主题和永远不变的根本。

自治区精神文明建设将会在发挥原有建设路径基础上，力求创新。如将会在继续发挥榜样模范、"宁夏好人"、最美人物、文明家庭等先进典型和先进文化的引领作用，发展志愿服务，发挥在大街小巷、公园广场、机场车站公益广告与城市景观的活泼形象展示，一场场宣讲活动的开展，以及推进核心价值观建设进学校、进机关、进企业、进农村、进社区和文明城市、文明村镇、文明单位、文明校园、文明社区、文明家庭创建工作基础上，将一定会强化精神文明建设的创新理念，在活动载体、创建内容、示范带动、测评方式等方面进行创新，在贯穿结合融入上下功夫，在落细落小落实上下功夫，从而更好地促进全区人民在理想信念、价值理念、道德观念上的团结一心，为建设美丽新宁夏、共圆伟大中国梦筑牢精神脊梁。

（三）文化事业与文化产业融合发展的趋势将会越发显著

我国在改革开放初期，从文化的公益性与经营性、市场性关系出发，将文化建设领域划分为文化事业与文化产业，是为了适应社会主义市场经济发展规律，立足于文化产业的发展特点，为更好地推动文化产业的发展，进一步促进文化建设的繁荣发展来划分的。但随着文化建设的不断发展，现阶段，文化事业与文化产业的边界越来越模糊，无论是顶层设计推动，还是实际发展和文化消费需求，都在持续快速地推进着两者的融合发展，文化事业与文化产业融合发展的特点越发明显。"非遗"的保护传承离不开保护性开发利用，在保护传承进程中，与文化产业、旅游业的结合越来越紧密；公共文化服务体系建设中的一些领域需要社会力量的积极介入，如宁夏目前正在探索实践的乡镇文化站的"公建民营公助"的运营管理模式；数字博物馆、数字图书馆及"全国文化信息资源共享工程"等，就可以说是产业与事业互动融合的产物。2016年国家印发的《关于推动文化文物单位文化创意产品开发的若干意见》明确鼓励具备条件的博物馆、美术馆、图书馆等文化文物单位采取合作、授权、独立开发等方式开展文化创意产品开发，这是在保护的前提下充分实现公共文化资源市场价值、实现公共文化机构可持续运营的有益机制等，公共文化建设与市场机制的融合在不同领域正在探索、实践或已经实现突破，我国文化发展正在从"分业发展"阶段走向融合发展阶段。我区目前这样的融合发展相对而言还不太明显，但将来文化发展的这一特点会不断增强。

（四）文化与旅游的融合发展进入新时代

2018年3月13日，国务院机构改革方案出台，根据该方案，国家旅游局与文化部合并，组建文化和旅游部，作为国务院组成部门。2018年11月14日，新组建的宁夏回族自治区文化和旅游厅举行了挂牌仪式。文化是旅游的灵魂，旅游是文化的载体。文旅融合已经成为现实发展的方向，旅游发展需要文化导向和文化深入，符合现实发展的需求变化。文化与旅游的联姻，将成为文化与旅游融合发展的新契机，有利于实现文化与旅游融合发展的转型升级，意味着文化与旅游融合发展进入了新时代。融合发展更加便利于文化和旅游管理层面有机合作，避免多头管理，能更好地把文化和旅游结合起来去谋划，以融合发展进一步促进资源和载体、内容与形式、休闲与体验的结合，有助于产业、事业、文物、旅游管理的优化协同高效，有助于文化产业资源、公共服务资源、可开发利用的文物资源和旅游资源的统筹，推动业态创新，孕生出两个领域互以对方创意创新要素为发展驱动力的"深层化融合共进模式"，实现产业升级与消费升级。

神秘西夏

(五)文化产业将保持持续增长的发展态势

从近几年自治区文化产业增加值及其所占GDP的比重看,实现的增加值虽然每年有所递增,但增加值所占GDP的比重呈现微增趋势。2015年全区文化产业实现增加值64.94亿元,占GDP的比重为2.23%;2016年实现增加值74.36亿元,占GDP的比重为2.35%;2017年实现增加值81.45亿元,占GDP的比重为2.37%。在全国经济提质增效、高质量发展的形势下,自治区未来文化产业发展将会保持持续增长的发展态势。

(六)公共文化服务体系建设将从"硬件"建设阶段迈入"软件"建设阶段

自2005年党的十六届五中全会在《中共中央关于制定国民经济和社会发展第十一个五年规划的建议》中,首次提出"逐步形成覆盖全社会的比较完备的公共文化服务体系"以来,经过"十一五""十二五"国家的大力推进,我国公共文化设施体系基本建成,并在逐步完善,进入"十三五"时期,向贫困地区、向基层、向农村、向弱势群体倾斜的建设导向,使我国公共文化服务体系建设的标准化、均等化基本实现,未来公共文化服务体系的硬件建设应该是处于提升与转型升级的阶段,公共文化设施的管与用,以及与之相关的机制建立和完善这些"软件"建设,应该是重点和亟待解决的问题。

说明:本报告除二(一)的内容由牛学智撰写之外,其余由鲁忠慧撰写。

2018年宁夏法治建设状况与 2019年发展趋势报告

李保平

2018年是中国改革开放40周年，也是宁夏回族自治区成立60周年。60年来，特别是改革开放以来，在党中央国务院的亲切关怀下，在自治区党委政府的坚强领导下，宁夏的法治建设取得了巨大成绩，实现了从法制到法治、从以经济建设为中心到以人民为中心、从依法治国到全面依法治国、从法制建设到法治改革、从法律体系到法治体系、从法治国家到法治中国、从有法可依到良法善治的巨大飞跃。党的十八大以来，在以习近平同志为核心的党中央领导下，宁夏法治建设迈入新时代，科学立法、严格执法、公正司法、全民守法不断推进，依法治区的社会氛围正在形成，法治思维、法治方式正在成为宁夏人新的生活方式的重要内容。2018年是全面决胜小康社会的关键年份，也是法治宁夏建设取得实效的一年。自治区党委政府按照十八届四中全会、十九大报告以及自治区十二次党代会报告要求，全力推进法治宁夏建设，在地方立法、行政执法、司法改革、法治社会建设等领域取得了一系列成绩。宁夏长期保持社会和谐稳定，人民安居乐业，民族团结和睦，宗教有序和顺的大好局面，不但为宁夏经济社会发展奠定稳定的社会环境，有力推进宁夏经济社会全面发展，也为法治中国建设作出了应有的贡献。

作者简介：李保平，宁夏社会科学院社会学法学研究所所长、研究员。

一、让法治成为未来宁夏发展核心竞争力的重要标志——2018年宁夏法治建设状况

自治区十二次党代会报告指出要坚定不移推进法治宁夏建设。法治是国家治理体系和治理能力的重要依托，必须加快依法治区进程，让法治成为宁夏未来发展核心竞争力的重要标志。除让法治成为宁夏未来发展核心竞争力的重要标志外，自治区十二次党代会还提出让创新成为宁夏未来发展的核心竞争力，实施创新驱动战略在宁夏"三大战略"中排在首位，处于非常重要的地位。从自治区十二次党代会对"两个"核心竞争力的表述看，法治不但是推动宁夏经济社会发展的核心竞争力，而且还是核心竞争力的重要标志，凸显了法治在宁夏未来发展中的突出地位和优先发展方向。

（一）紧紧围绕中心工作，地方立法成绩斐然

2018年是改革开放40周年，40年改革开放的历史，也是宁夏地方立法从无到有逐渐发展进步的历史。1980年5月14日，宁夏回族自治区第四届人大常委会第二次会议审议通过《宁夏回族自治区实施〈选举法〉施行细则》，这是宁夏第一部地方立法。38年来，在自治区党委领导下，宁夏回族自治区人大紧紧围绕全区中心工作，服务大局，开展了富有成效的立法工作。截至2017年7月，自治区人大及其常委会共制定现行有效地方法规164件，涉及政治、经济、文化、社会、生态等领域，初步实现了地方立法领域的全覆盖和地方立法的体系化，为宁夏改革发展提供了立法支撑。2018年也是全面贯彻落实党的十九大报告精神的开局之年，是全面建成小康社会的关键年份，按照统筹推进"五位一体"总体布局和协调推进"四个全面"战略布局要求，法治小康既是全面建成小康社会的保障，也是全面建成小康社会的重要标志。

1. 发挥立法引领作用，以良法促善治

2018年，自治区人大及其常委会共审议通过地方性法规17件，其中制定2件，修订7件，修正6件，废止2件，批准设区的市地方性法规14件，其中制定6件，修改8件。具体如下：根据宁夏经济社会发展需要，制定《宁夏回族自治区生态保护红线管理条例》《宁夏回族自治区绿色建筑发展条例》2部地方性法规；对

与宁夏经济社会发展不相适应的《宁夏回族自治区促进科技成果转化条例》《宁夏回族自治区老年人权益保障条例》《宁夏回族自治区实施〈工会法〉办法》《宁夏回族自治区民族教育条例》《宁夏回族自治区奶产业发展条例》《宁夏回族自治区清真食品管理条例》予以修改。根据全国人大常委会关于实行宪法宣誓制度的决定，对《宁夏回族自治区实施宪法宣誓制度办法》等进行修正，对《宁夏回族自治区私营企业工会条例》《宁夏回族自治区文化市场管理条例》予以废止。通过"立、改、废"，及时回应社会关切，为宁夏经济社会发展提供了高效立法保障，对促进宁夏经济社会健康发展发挥了重要的作用。

2. 加强备案审查，力促法治政府建设

2018年，自治区人大法工委共向全国人大常委会、国务院报送法规31件，接受报备的规范性文件和政府规章36件。备案审查是保证宪法、法律实施的一项制度安排，是以良法促善治的基础性工程，对维护国家法制统一具有重要价值。为使备案审查工作有效落实，自治区人大法工委采取任务责任量化到承办单位、审查人员的办法，明确工作时限，确保审查工作落实到位。坚持主动审查和被动审查并重，定期核对自治区政府、各市人大常委会公报，避免规范性文件的漏报，确保有件必备、有备必审、有错必纠。2018年先后对有关方面及个人反映的关于依法严厉打击破坏森林资源违法犯罪行为指导意见，经济发达镇行政管理赋权意见以及吴忠市、泾源县有关春节期间禁止燃放烟花爆竹等有关规范性文件进行了审查、答复。加强备案审查信息化建设是自治区人大法工委2018年做的一项重点工作。2018年5月，在自治区人大信息中心的配合下，在宁夏五市举办了规范性文件备案审查系统培训班，对200多参训人员进行了系统操作实务培训。由于备案审查信息化平台建设卓有成效，2018年8月2日在广州召开的全国备案审查信息平台现场推进会上，宁夏向大会做了平台建设经验介绍，得到与会各方一致好评。

3. 指导设区的市地方立法工作，提升立法质量

设区的市地方立法，是一项新生事物。由于设区的市长期没有立法权，立法能力不足，立法人才资源短缺是各市人大常委会普遍面临的问题。为提高设区的市地方立法质量，自治区人大常委会法工委采取提前介入、严格审查等方式，有效保证立法质量。2018年，自治区人大批准的设区的市地方性法规共14件，其

中制定 6 件，修改 8 件。由于工作扎实，立法质量得到可靠保证，推进了地方经济社会发展。为提高设区的市地方人大常委会立法能力，自治区人大常委会法工委还采取集中培训等形式为设区的市培养立法人才。2018年组织设区的市法制委、法工委 10 名工作人员参加了全国人大常委会法工委举办的第二期培训班，效果明显。

（二）把权力关进制度的笼子，法治政府建设扎实推进

2014 年，中共中央印发了《法治政府建设实施纲要（2015—2020）》（以下简称《纲要》），规定 2020 年要基本建成职能科学、权责法定、执法严明、公开公正、廉洁高效、守法诚信的法治政府。2018 年，宁夏各级政府落实中央和国务院的重大决策部署，在已有成绩的基础上，法治政府扎实推进，取得新的成绩。

1. 进一步深化放管服改革，打造职能科学、权责法定的法治政府

作为国家推进相对集中行政许可改革试点省区，宁夏在五个地级市和五个县开展试点，审批事项进驻服务大厅达到 70% 以上，实行"一枚印章管审批"，得到李克强总理的充分肯定。公布宁夏行政事业性收费和政府性基金目录清单，取消行政事业收费 197 项，全部取消地方涉企收费项目和二级公路收费，成为全国 12 个无地方审批设立涉企收费的省区。整治"红顶中介"，全区 556 家行业协会、商会实现与主办单位脱钩，脱钩率为 72.7%。为优化政务服务质量，宁夏建成覆盖区、市、县、乡、村五级的政务服务"一张网"。目前，宁夏 80.4% 的服务事项可不见面办理，39 个便民事项可不出村（社区）办理。宁夏推行的互联网＋医疗健康和互联网＋教育，被国务院办公厅作为全国优化营商环境典型经验进行推广学习。国务院办公厅电子政务办公室编制的《省级政府网上政务服务能力调查评估报告（2018）》显示，宁夏网上政务服务能力在全国 31 个省（区、市）和新疆生产建设兵团中排名第 11 位。

2. 认真落实重大行政决策程序规定，打造执法严明、公开公正的法治政府

2018 年，宁夏各级政府认真贯彻落实《宁夏回族自治区重大行政决策规划》，将公众参与、专家论证、风险评估、合法性审查和集体讨论决定作为重大决策的必经程序。认真执行《宁夏回族自治区行政程序规定》，建立行政决策评估机制和重大决策终身追究及责任倒查机制，探索实行决策事项目录管理制度、重大行政决策听证制度。自治区政府的重大行政决策、重大行政事项、重大合同等均由

政府法制机构进行合法性审查，2018年，共审查各类规范性文件、协议600多件。严格推行行政执法责任制，实行行政裁量权动态管理。规范行政执法程序，健全行政执法调查取证、告知、罚没收入管理制度。在总结中卫市行政执法"三项制度"试点工作的基础上，起草了《关于全面推行行政执法公示制度，执法全过程记录制度，重大执法决定法制审核制度实施方案》，现已完成征求意见和修改工作。2018年，还起草了《宁夏回族自治区行政执法监督平台方案》《宁夏回族自治区人民政府特邀行政执法监督员制度指导意见》《宁夏回族自治区人民政府特邀行政执法监督员工作规则》，通过引入外部监督机制，内外兼修，促进严格公正文明执法。

3. 强化行政权力运行监督制约，打造廉洁高效、守法诚信的法治政府

坚决贯彻执行《宁夏回族自治区行政执法监督条例》《宁夏回族自治区行政程序规定》，在全区实现"双随机、一公开"监督全覆盖，强化事中事后监管、法制监督和责任追究。高度重视人大政协监督、社会监督和舆论监督。让权力在阳光下运行，是打造廉洁高效政府的重要举措。2018年，自治区政府高度重视信息公开工作，全面推行决策、执行、管理、服务、结果公开，取得了明显的成绩，宁夏政府信息公开透明度排名在全国各省级政府中不断提高。2017年，中国社科院国家法治指数研究中心等机构继续对全国各级政府政务公开情况进行评估，宁夏在31个省级政府透明度排序中位列第22位，银川市在49个较大市中位列第7位，评估选取全国100个县级政府，宁夏贺兰县、青铜峡市分别位列第28名和第31名，名次比较靠前。银川市等市县通过电视问政等形式，强化了社会对公权力的监督，有效保障了公民的参与权、知情权、监督权。

（三）维护社会公平正义，司法责任制改革深入推进

司法是社会治理的重要场域，努力让人民群众在每一个司法案件中都感受到公平正义是司法改革的目标要求。2018年，在自治区党委领导下，在自治区人大及其常委会的监督下，在最高人民法院的指导和最高人民检察院的领导下，宁夏法院、检察院在进一步推进司法体制综合配套改革、基本解决执行难、开展公益诉讼、服务宁夏发展、维护社会稳定等方面做出了显著的成绩。

1. 全面贯彻新发展理念，为宁夏经济社会发展营造良好法治环境

生态立区战略是自治区十二次党代会提出的"三大战略"之一，为保障服务

生态立区战略，宁夏法院成立了首家环境资源保护法庭，腾格里沙漠环境污染公益诉讼系列案件圆满执结，5.69亿生态环境损害赔偿金和600万环境损害公益金全部执行到位。服务创新驱动战略，加强知识产权保护，认真落实中办、国办《关于加强知识产权审判领域改革创新若干问题意见》，推进知识产权审判"三审合一"机制改革，全年审结知识产权案件389件。深入学习贯彻习近平总书记在民营企业家座谈会上的重要讲话精神，依法平等保护民营企业和民营企业家的合法权益。制定《关于充分发挥审判职能作用，为企业家创新创业营造良好法治环境的实施意见》，依法平等保护民营企业家人身财产和企业合法权益。通过信息化建设，进一步完善诉讼服务中心平台建设，为人民群众提供更加高效的诉讼服务。坚持依法保护、契约自由、诚实守信的原则审理各类民事案件，妥善化解民商事纠纷，有力维护了社会稳定。充分发挥"化解行政争议、保护合法权益、监督依法行政"的司法功能。依法审理行政诉讼案件，连续十年发布行政审判白皮书，提出问题、分析原因、提出建议，助推法治政府建设，营造清亲政商环境。

2018年，宁夏检察机关紧紧围绕自治区中心工作，服务经济社会发展大局。为发挥检察机关在推动宁夏"三大战略"实施中的作用，宁夏回族自治区人民检察院先后制定了《宁夏检察机关关于进一步履行检察职能服务自治区"三大战略"的意见》《宁夏回族自治区人民检察院关于充分发挥检察职能，加强生态环境保护工作的意见》《关于宁夏检察机关服务保障打好精准脱贫攻坚战助力脱贫富民战略的实施意见》，为宁夏"三大战略"实施提供有力司法保障。

2. 落实总体国家安全观，坚决维护国家政治安全和社会和谐稳定

严惩各类刑事犯罪，严厉打击非法集资、合同诈骗、组织传销、套路贷等涉众型经济犯罪。2018年1—11月，宁夏法院共受理刑事案件9720件，同比上升0.66%；深入开展扫黑除恶专项斗争，强化组织领导，与公安机关、检察机关建立协调联络和重点案件跟踪督办机制，审结郭某某等52人涉黑犯罪案件，判处五年以上有期徒刑10人；深入总结重大职务犯罪案件审判经验，完善职务犯罪审判机制，依法惩处腐败犯罪，审结张某、吴某某等职务犯罪案件，始终保持对腐败犯罪的高压态势；认真学习贯彻国家监察法，加强国家监察与司法审判有机衔接，完善办理职务犯罪案件相互配合、互相制约机制。2018年1—11月，

宁夏检察机关批准逮捕各类刑事犯罪嫌疑人3626人，同比下降3.1%；提起公诉6793人，同比下降0.6%；批准涉黑涉恶犯罪嫌疑人360人，起诉208人。加大法律监督力度，监督公安机关立案24人，纠正漏捕59人，追加起诉21人。严厉打击伤害未成年人的刑事犯罪，积极参与校园欺凌专项整治，起诉校园暴力犯罪171人。强化检察监督，从立案监督、侦查监督、审判监督、执行监督到民事行政监督，形成全方位的监督格局，有力维护了社会公平正义。截至2018年2月，宁夏三级检察院的反贪污贿赂、反渎职侵权和职务犯罪预防部门职能、机构和308名检察人员全部转隶自治区纪委监委，整体划转政法专项编制503个，转隶工作平稳有序，圆满完成。为适应《中华人民共和国监察法》和新修订的《中华人民共和国刑事诉讼法》的要求，与自治区纪委监委联合制定了《办理职务犯罪案件工作衔接办法》《职务犯罪案件证据收集审查基本要求与案件材料移送清单》，为办理监委移送案件提供了基本遵循。与自治区公安厅联合制定《办理监委移送审查起诉案件执行逮捕强制措施工作衔接办法》，完善了检察机关对监委已采取留置措施案件先行拘留的业务流程。决定逮捕职务犯罪嫌疑人27人，起诉64人，其中对自治区交通运输厅原厅长许某某，农垦集团原董事长王某某，宁夏医科大学原副校长、宁夏医科大学总医院原院长杨某某等7名厅局级领导干部提起公诉。

3. 全力以赴攻坚"基本解决执行难"，广泛开展公益诉讼，切实保障胜诉当事人合法权益和社会公共利益

为贯彻落实党的十八届四中全会作出的"切实解决执行难"的决策部署，2016年3月，最高人民法院提出"用两到三年时间基本解决执行难"。2018年是"基本解决执行难"的攻坚决战之年，在自治区党委的领导下，在最高法院的指导下，宁夏法院构建了党委领导、政法委协调、人大监督、政府支持、法院主办、部门配合、社会参与的综合治理执行难工作格局。经过近3年的努力，宁夏法院执行工作通过了第三方评估，决胜"基本解决执行难"取得阶段性胜利，自治区高级法院被最高法院确定为全国五家解决执行难"样板法院"之一。2017年6月，全国人大常委会修改《中华人民共和国民事诉讼法》和《中华人民共和国行政诉讼法》，正式确立检察机关提起公益诉讼制度。宁夏检察机关在生态环境和自然资源保护、食品药品安全、国有财产保护、国有土地使用权出让、英烈保护等领

域全面开展公益诉讼工作,发现公益诉讼案件线索776件,立案729件,向行政机关发出诉前检察建议695件,向审判机关提起刑事附带民事公益诉讼25件,有效维护了社会公共利益,捍卫了社会核心价值。

4. 全面深化司法体制改革,加快推进智慧司法建设

在全面落实司法责任制的基础上,进一步深化司法体制综合配套改革。完善新型审判权力运行机制,完善审判权力监督管理机制和惩戒制度,完善法官员额动态管理机制,加强法官权益保障,正确处理放权与监督、约束与激励、责任与保障的关系,规范司法权力运行,防止司法腐败。深化以审判为中心的刑事诉讼制度改革,全面落实庭前会议、非法证据排除、法庭调查"三项规程",完善侦查人员、鉴定人、证人出庭作证机制,促进庭审实质化。自治区检察院深入推进以审判为中心的刑事诉讼制度改革,建立公检法联席会议制度,制定侦查人员、证人、鉴定人等出庭办法,与公安机关就"诉侦一体化"达成共识,初步形成一整套工作机制,为进一步完善司法改革迈出坚实步伐。信息化建设是近年来司法机关基础设施建设的重点工程,通过智慧法院、智慧检务建设,推动了大数据、人工智能在司法工作中的运用,不但提高了司法效率,也为打造阳光司法创造了条件。

(四)公安工作成效显著,社会长期保持和谐稳定

2018年是自治区成立60周年,宁夏各级公安机关以60周年庆祝活动安保维稳为中心工作,积极开展各项工作,维护了全区社会稳定大局,为经济社会发展创造了稳定环境。

1. 坚持总体国家安全观,维护民族地区社会稳定

民族地区社会稳定是大局大事。2018年,宁夏各级公安机关在自治区党委政府的坚强领导下,圆满完成自治区成立60周年庆祝活动,给党中央、全国各族人民交上了一份满意的答卷。由于特殊的区位和历史文化因素,近年来,宁夏反恐维稳形势日渐严峻。宁夏公安牢牢守住不发生暴恐袭击案件的底线,研究出台了《关于进一步做好新时代反恐怖工作的实施意见》《反恐怖工作领导小组工作规则》《反恐怖工作履职报告、问题通报、约谈、问责暂行规定》3个文件,做到反恐怖工作制度化、规范化。信息情报搜集工作是反恐怖工作的基础性工程,为加强反恐怖信息化工作,宁夏建成反恐怖情报信息平台,实现了反恐怖数据上

下贯通、左右互联,为反恐怖斗争提供准确信息支持。针对宁夏民族宗教问题突出敏感的特点,坚持以党和国家民族宗教政策法规为基本遵循,妥善处理宗教内部矛盾,坚持保护合法、制止非法、遏制极端、抵御渗透、打击犯罪的基本原则,对非法传教等活动依法查处,有效挤压了非法宗教活动空间。

2. 严厉打击各类违法犯罪活动,不断满足人民群众日益增长的平安需求

2018年,宁夏各级公安机关强力推进"扫黑恶、反邪教、打涉众、大收戒、攻侵财、缉枪暴、净网络"七大战役,确保全区刑事案件持续下降,治安形势持续好转。刑事案件、八类主要刑事案件发案数同比分别下降8.1%、12.1%,全区刑事案件破案率达49.3%。现行命案发案同比下降19.6%,破案率保持100%。成功侦破了9·17故意杀人案、10·07杀人抛尸案等一批群众反映强烈、社会影响恶劣的典型案件,取得了较好的社会效果。针对涉及民生的刑事案件逐年上升的形势,建成区市两级反电信诈骗中心,挽回经济损失同比上升1327%,破获一批传销大案,铲除了传销的土壤。"两抢一盗"等侵财类案件同比下降14.5%。查处有毒有害食品及生产销售假药、破坏环境、制假造假等刑事案件100余件,震慑了犯罪,保护了人民群众舌尖上的安全。开展声势浩大的反毒禁毒斗争,毒品形势得以根本好转,现有吸毒人员降至1.5万人,较2017年下降17.8%。

3. 搭建社会治安防控体系,筑牢社会稳定根基

社会稳定的基石在基层,社会稳定的难点也在基层,稳基层就是稳基础。2018年,宁夏公安全面推进"一村(社区)一警"社区防控体系建设,通过信息化数据平台建设,筑牢基层人防技防基础。针对高危人员,严格制度要求,确保"一人不漏、一刻不误、一控到底"。加大公共安全管理力度,交通事故、火灾事故等明显减少,全区公共安全形势持续好转。

(五)司法行政改革助力法治社会建设

2018年,全区司法行政工作围绕国家改革发展大局,坚持党建引领,强基础、抓落实、求创新,各项工作取得新成效、实现了新的发展。

1. **充分发挥党建引领作用,在全国率先实现律师行业党建全覆盖**

以党的十九大精神为指导,贯彻学习习近平新时代中国特色社会主义思想,通过"司法行政大讲堂"等形式,不断提高和强化干部队伍"四个意识""四个

自信"。建立机关党建常态化学习制度,每月开展"1+4+X"主题党日活动,推动全系统党建制度化、常态化。加强律师行业党组织建设,率先在全国实现省级及以下律师行业党组织全覆盖,为无党员的律师事务所选派党建联络员、指导员19人,全区律师事务所实现了党组织和党建工作全覆盖。

2. 助力社会治理,维护社会和谐有序

2018年,司法行政机关认真履行职责,在监狱、戒毒场所管理,社区矫正,矛盾化解,法律服务方面均取得了较好成绩。监狱内部管理不断加强。开展了"整顿监狱秩序,净化改造环境"活动和"百日安全整治行动",建设狱内文化设施,提升改造质量。按照全国司法行政戒毒工作座谈会部署要求,推动建立统一的戒毒工作模式,各场所统一设置"四区"和"五大中心",制定相应的工作流程和岗位标准,提高科学化水平。建立健全社区矫正重大事项报告制度,明确社区矫正重大事项报告项目、认定标准、报告时限和方式,建立社区矫正和安置帮教工作评价考核指标体系。2018年,宁夏作为全国试点开展为期3个月的"坚持发展'枫桥经验'实现矛盾不上交"试点工作,着力打造新时代宁夏版的"枫桥经验"。共化解各类矛盾28318件,实现了全区信访总量和集体访、进京访、越级访、民商事案件"五下降"。

3. 公共法律服务体系建设取得实效

2018年,宁夏司法行政机关提请自治区党委政府出台《关于进一步推进法律公共服务体系建设的意见》,投入1670万元专项经费建成县(区)、乡镇(街道)、村(社区)三级公共法律服务实体平台,建成率100%。提请自治区政府印发《关于开展一村(社区)一法律顾问工作的实施意见》,推进一村(社区)一法律顾问工作实现全覆盖。出台《关于充分发挥律师专业优势,服务"三大战略",促进法治宁夏建设的工作意见》,主动服务宁夏重大决策。严格落实司法部"双严十二条"规定,在全区司法鉴定行业开展规范整治活动,注销17家僵尸机构,召开宁夏司法鉴定协会换届大会,为宁夏司法鉴定发展提供组织保证。扎实开展"七五"普法活动,建立完善普法责任"四清单一办法",促进各级党委、政府部门落实"谁执法谁普法"普法责任制,法治宣传突出主题,广泛应用多媒体大数据,法治宣传更加接地气,通过"百名法治模范"、"十大法治人物"、最美人民调解员评选,产生了较好的社会效益。

4. 司法行政改革取得新突破

按照司法部《关于加快推进司法行政改革的意见》，制定了《宁夏司法行政改革分工实施方案》。在银川市、石嘴山市开展刑事案件审判阶段律师辩护全覆盖试点和律师参与城管执法试点工作，在中卫市公证处开展合作制公正机构试点工作，在全区27个法院、11个看守所基本建立律师值班工作运行机制，实现法律援助值班律师工作全覆盖，协调自治区财政将社会律师值班补贴纳入各级财政法律援助经费予以保障。

（六）法治队伍建设水平不断提高，法治能力有较大提升

第十八届四中全会作出的《中共中央关于全面推进依法治国若干重大问题的决定》（以下简称《决定》），明确提出要加强法治工作队伍建设，着力建设一支忠于党、忠于国家、忠于人民、忠于法律的社会主义法治工作队伍。

1. 法治专门队伍建设水平持续提高

2018年全区政法系统干部职工深入贯彻落实中共中央《关于新形势下加强政法队伍建设的意见》和自治区党委《关于新形势下加强政法队伍建设的实施意见》，从思想建设入手，通过制度建设和体制机制改革，法治队伍建设取得新成效。法治专门队伍建设要突出各级领导班子建设这个关键，把作风民主、公道正派、能力突出的优秀人才选拔到领导岗位。要推进法治专门队伍正规化、专业化、职业化，提高职业素养和专业水平。法治专门队伍是维护社会稳定的重要力量。树立"四个意识"，坚定"四个自信"，坚决做到"两个维护"，勇于担当是对法治专门队伍的基本要求。2018年，自治区政法系统坚决贯彻落实党中央、自治区党委重大决策部署，在自治区"60周年大庆""扫黑除恶"专项斗争、法治改革中作出了重要贡献。为了推进政法能力建设，自治区党委政法委围绕宪法修改、总体国家安全观、民族宗教等热点问题，举办政法大讲堂，提高认识。各政法单位都出台了人才建设规划和实施方案，形成了人才培养制度化和长效机制。

2. 法律服务队伍建设稳步推进，成效显著

加强律师队伍建设，特别是加强律师队伍思想政治建设，把拥护中国共产党领导、拥护社会主义法治作为律师从业的基本要求。2018年，宁夏律师队伍建设突出政治引领，律师行业党建工作取得新突破，实现党的组织和工作全覆盖。2018年，宁夏律师共担任法律顾问2284家，公益法律服务6259件，12名律师入选自治区党委法律服务专家库。推荐 24 家律师事务所为破产人管理律师事务所，建立律师名册、知识产权人才库、涉外法律服务机构和涉外法律服务人才库，服务宁夏经济建设。通过公正机构改革试点，进一步激活公正市场活力。2018 年全区新增人民调解组织 320 个，人民调节"四张网"建设入选中央政法委 2018 年开展的"政法战线改革之星"80 个典型经验。制定了《宁夏专职人民调解员管理办法》《宁夏人民调解员等级评定管理办法》，建立了纠纷信息员、专职调解员、金牌调解员、兼职调解员、人民调节志愿者 5 支队伍，建成人民调节专家库 270 个，吸收 892 名律师等法律工作者充实人民调解员队伍。

3. 法学研究队伍不断壮大，研究水平不断提高

十八届四中全会《决定》要求，要坚持用马克思主义法学思想和中国特色社会主义法治理论全方位占领高校、科研机构法学教育和法学研究阵地，加强法学基础理论研究，形成完善的中国特色社会主义法学理论体系、学科体系、课程体系。宁夏现有法学研究机构 4 个，分别为宁夏社会科学院法学社会学研究所、宁夏党校法学教研部、宁夏大学政法学院、北方民族大学法学院，自治区法学会作为人民团体，也是法学界、法律界的学术性团体，在推动宁夏法学研究工作方面发挥了重要作用。近年来，宁夏法学界积极服务经济社会发展，3 人被聘为自治区党委法律顾问，多人被聘为自治区人大立法咨询专家、自治区人民政府法律咨询委员会委员、自治区法官检察官遴选委员会专家组成员和法治宣传讲师团成员，在依法治区和法治宣传教育活动中发挥了重要作用。

二、让法治思维和法治方式成为宁夏人生活方式的重要内容——2018 年宁夏法治建设存在的问题与不足

法治是一种社会治理形式，也是一种生活方式。从人类社会发展的历史看，在较长的时间内，宗教、道德以及法制构成了人类社会治理的规则体系，在不同的国家地区和文化背景下，三者的地位作用与影响有所不同。近代以来，随着资本主义的兴起，法治作为一种治理形式才开始产生并逐渐成为一种强势话语体系。法治的历史虽然只有数百年，但迄今为止却没有一个统一的法治概念和法治模式，法治总是与各个国家的历史文化传统紧密结合在一起，形成了法

宪法宣誓

治的"地域"特色。2018年是中国改革开放40周年，也是法治国家建设的40年，更是法治宁夏建设40年。十一届三中全会不但把党和国家工作的重点转移到经济建设上来，而且提出了加强社会主义法制的号召，开创了改革开放法治建设新历程。1997年党的十五大报告划时代地提出"依法治国，建设社会主义法治国家"的号召，开启了依法治国的新阶段。党的十八大以来，以习近平同志为核心的党中央在全面依法治国，在建设中国特色社会主义法治体系和法治国家的实践中，提出了许多原创性的法治思想，把中国特色社会主义法治国家建设引向新时代。回顾历史，我们可以看出，同其他形式的治理相比，我国法治建设的历史较短，法治国家建设的任务更加繁重。2018年是宁夏回族自治区成立60周年。60年来，在党中央国务院的亲切关怀下，在自治区党委的坚强领导下，在科学立法、法治政府、司法公正、法治社会建设等方面都取得了历史性成绩。2018年也是全面决胜小康社会的关键年份，宁夏的法治建设事业在原有基础上又有所进步。与此同时，也应清醒地看到，距离自治区十二次党代会提出的让法治思维和法治方式成为宁夏人生活方式的重要内容的要求，我们还有较大的差距。

（一）对法治的认知还存在不足，对原有的治理模式有较深的路径依赖

党的十八届四中全会《决定》指出：依法治国，是坚持和发展中国特色社会主义的本质要求和重要保障，是实现国家治理体系和治理能力现代化的必然要求，事关我们党执政兴国，事关人民幸福安康，事关党和国家长治久安。全面建成小康社会、实现中华民族伟大复兴的中国梦，全面深化改革、完善和发展中国特色社会主义制度，提高党的执政能力和执政水平，必须全面推进依法治国。但在现实生活中，许多人还存在对法治的误解和曲解，总认为法治束缚了手脚，把为官不为归咎于法治。有些人把法治看成经济发展起来后的奢侈品，认为发展还是要靠政策和强制，习惯沿用老办法处理问题，法治意识和法治思维明显不足。从社会视角看，自觉守法、遇事找法、解决问题靠法的社会氛围还没有完全形成，权利意识与义务观念不对等的现象还比较普遍，距离让人们认识到法律既是保障自身权利的有力武器，也是必须遵守的行为规范的要求还存在一定的差距。

（二）立法还不能完全适应改革开放和发展需要，引领改革发展的作用发挥不够

法律是治国之重器，良法是善治之前提。建设中国特色社会主义法治体系，必须坚持立法先行，发挥立法的引领和推动作用。做到重大改革于法有据，立法主动适应改革和经济社会发展需要。按照十八届四中全会《决定》要求，自治区人大常委会做了大量立法工作。但我们也看到，宁夏的立法不能完全满足社会需要的问题依然凸显，对地方立法权特别是民族地方立法权的运用不是很充分，在内陆开放试验区、丝绸之路经济带建设等涉及宁夏改革开放大局的领域内，尽管有国家先行先试的政策，但宁夏在立法上基本是空白，影响了宁夏改革开放和内陆开放试验区建设的速度和质效。

（三）行政执法存在短板，影响法治政府建设实效

法律的生命在于实施，法律的权威也在于实施。职能科学、权责法定、执法严明、公开公正、廉洁高效、守法诚信是第十八届四中全会《决定》对法治政府建设的基本要求。从近年来法治政府建设的情况看，行政执法领域是法治政府建设的短板，中国政法大学中国法治政府评估报告认为，我国行政执法水平不高，总体处于不及格状态，宁夏的情况也基本如此。政府的行为具有较强的外部性，法治政府建设的好坏不是看政府做了什么，而是社会有什么反应，采取了什么样的态度。从这个意义上说，行政诉讼案件的多少是考察行政执法水平高低的最为客观真实的指标之一。据不完全统计，2018 年 1—11 月，宁夏法院共受理各类行政案件 5003 件，同比增长 53.14%，其中银川市两级法院共受理各类行政案件 2525 件，占全区行政案件一半以上，同比上升 89.28%；吴忠市两级法院受理行政案件 238 件，同比上升 23.96%；固原市两级法院共受理各类行政案件 601 件，同比增长 11.9%；中卫市两级法院共受理各类行政案件 375 件，同比增长 34.41%。全区只有石嘴山市两级法院审理的行政案件呈同比下降态势，下降了 31.54%，但石嘴山人口基数小，绝对数量仍然较大，达到 306 件。以上数据只是法院受理的行政案件，还有相当数量行政案件没有进入司法程序，说明行政执法环节仍然是宁夏法治政府建设的短板。采取有效措施，提高行政执法水平，应是宁夏法治政府建设的重点。

（四）法治改革的系统性不强，配套改革相对滞后，改革红利与群众感受存在一定落差

党的十九大报告指出：全面依法治国是国家治理的一场深刻革命。既然是革命，改革便是法治建设的应有之义。法治改革不同于司法改革等具体领域改革，它是一系列改革举措，涵盖法治建设的方方面面。十八届三中全会出台了 20 多项重大法治改革举措，四中全会出台了 190 项重大法治改革举措，针对立法不良、有法不依、执法不严、司法不公、监督疲软、权力腐败、人权保障不力、诚信缺失等现象作出了全面改革部署，改革取得显著成绩。法治改革是全方位立体式改革，既有横向改革，也有纵向改革，系统思维是改革取得实效的关键。法治改革的系统性缺失一般是指两个层面的问题：一是不同部门之间改革的衔接配套问题，如司法体制改革与监察体制改革、公安改革、司法行政、社会改革等领域的改革之间是否衔接相互配套的问题；二是部门内部改革是否衔接，体制机制是否顺畅，是否达到改革预期的问题。由于改革是一项渐进的事业，不可能一蹴而就，进一步完善改革内容，深化各领域综合配套改革，最终形成系统科学高效的法治改革框架和运行体制机制，让更多人民群众切身感受到法治改革的红利仍然是法治改革面临的重要任务。

（五）社会诚信意识有待提升，法治社会建设任重道远

未来社会的竞争，是科技竞争、资本竞争、人才竞争，更是社会资本的竞争。当一个地区聚集了大量的社会资本，就会形成虹吸效应，决定技术人才资本流向。社会诚信是社会资本的重要内容，是决定一个地区经济竞争力的重要指标。近年来，自治区党委政府高度重视诚信体系建设工作，形成了较为完善的个人征信、企业征信、社会组织征信系统，极大提高了社会的征信水平。但我们也看到，诚信意识的缺失原因是多方面的，需要全社会共同发力，才能有效解决诚信缺失的问题，其中公共权力机关的引领尤为重要。立法引领、司法引领、政府引领可以进一步明确我们提倡什么、反对什么、禁止什么，对社会诚信意识的形成具有重要影响。在这方面，我们还存在明显的不足，社会主义核心价值观在立法、司法、行政执法中贯彻不够，"救不救""劝不劝""追不追""扶不扶"仍是经常困扰群众的问题，政府诚信仍是社会关注的一个话题，新官不理旧账仍是一个长期存在的顽疾，需要下大力气解决。推动社会主义核心价值观转化为社会公众的情感认同和行为习惯，我们还有许多工作要做。但无疑，各级党委政府首先应该做出表率。

（六）法治队伍素质有待提高，服务社会能力有待提升

四中全会《决定》要求：全面推进依法治国，必须大力提高法治工作队伍思想政治素质、业务工作能力、职业道德水平，着力建设一支忠于党、忠于国家、忠于人民、忠于纪律的社会主义法治工作队伍，为加快建设社会主义法治国家提供强有力的组织和人才保障。虽然宁夏党委政府对提高法治工作队伍素质做了大量工作，但还存在一些较为突出的问题。一是法治专门队伍存在招人难、留人难的问题，导致基层队伍年龄结构不合理；人员素质与新形势新要求还有较大差距，专业知识不扎实，信息化技术能力不足已经成为制约法治专门队伍发展的瓶颈；虽然反腐力度不断加大，但违纪违法问题依然突出，2015年查处违纪违法干警87人，2016年为107人，2017年为114人，2018年前三个季度为135人，基层一线违纪违法案件多发高发。二是律师队伍建设存在短板。律师服务地方经济社会发展的能力还不强，服务领域较窄，专业化程度较低，不能适应改革开放和现代化建设的需要，特别是现代金融、期货、投融资、股权改制等非诉讼领域涉猎不多，影响了服务能力。律师业收入差距较大，青年律师生存状况堪忧，影响了律师业健康发展。三是法学研究力量不足，法学基础学科相对薄弱，高水平研究人才匮乏的现状没有根本性改变，提高研究水平，建设一支高素质的法学研究队伍，是宁夏法治队伍建设应予以关注的问题。

三、全面依法治国是中国特色社会主义的本质特征——对法治宁夏建设的思考和 2019 年法治宁夏建设展望

（一）必须高度重视法治宣传教育，提高全社会对厉行法治的认知，达成法治共识

必须要从社会主义本质特征的高度理解全面依法治国的重要意义。党的十九大报告指出：全面依法治国是中国特色社会主义的本质要求和重要保障，也是国家治理的一场深刻革命，必须坚持厉行法治，推进科学立法、严格执法、公正司法、全民守法。从依法治国到全面依法治国，说明法治已经不是单纯意义上的治理工具，而是目的价值与工具价值的有机统一，是建设中国特色社会主义的基本要求，必须要从国家治理体系与治理能力现代化的高度理解法治建设的重要意义。全面推进依法治国，总目标是建设中国特色社会主义法治体系，建设社会主义法治国家。国家治理体系和治理能力现代化是一项宏大的事业，总结国内外国家治理的经验和改革开放 40 年的奋斗历程，历史一再昭示，法治且只有法治，才能促进国家治理体系和治理能力不断迈向现代化，必须要从法治就是生产力和竞争力的高度看待和理解法治建设的重要意义。习近平总书记指出，一些国家在经历快速增长后，并没有迈进现代化的门槛，而是陷入这样或那样的陷阱，出现经济社会发展停滞甚至倒退，主要是与法治不彰有关。自治区十二次党代会报告提出要让法治成为未来宁夏发展核心竞争力的重要标志，就是认识到竞争力就是生产力，核心竞争力就是核心生产力。厉行法治，就是为宁夏经济社会建设创造良好的发展环境，以法治软环境弥补发展硬环境的不足，提高宁夏的经济竞争力，要从法治是解决经济社会发展问题的总抓手的高度去理解和认识法治。供给侧结构性改革、构建新型政商关系、平等保护私有产权、保护知识产权、铲除腐败、解决收入差距是我们近年来面临的比较棘手的发展问题，而要解决这些问题，离不开法治。我国虽然还处于发展的战略机遇期，但发展中的不确定因素明显会增多，在推动经济高质量发展的同时，也会产生许多社会矛盾和问题，只有牢固树立法治理念和法治思维，以法治方式处理和解决社会矛盾和问题，才能最大限度化解纠纷，保持社会长治久安。

（二）地方立法必须要适应新时代新要求

党的十九大做出了一个重大判断：经过长期努力，中国特色社会主义进入新时代，这是我国发展新的历史方位。新时代必然要有新要求，对宁夏的地方立法工作也有新的期待。应坚持"以人民为中心"的发展理念，紧扣人民日益增长的美好生活需求和不平衡不充分的发展之间的矛盾，关注公共安全、高质量发展和民生福祉，加强宁夏地方立法工作。应坚持立法为改革开放服务的理念，紧扣内陆开放试验区和丝绸之路经济带建设，做好立法规划，满足社会对改革开放的立法需求。党的十九大以后，我国改革开放进入新的阶段，改革的步伐越来越快，开放的大门会越开越大，宁夏的地方立法要适应跟进形势变化，充分利用制定、修改、废止、解释、授权、决定等多种立法形式，为宁夏对外开放提供法治保障。坚持以良法促善治，将社会主义核心价值观融入地方立法。习近平总书记强调，要坚持依法治国和以德治国相结合，强化道德对法治的支撑作用，法律法规要树立鲜明的道德导向，把社会主义核心价值观贯穿其中。在现实生活中，社会救助、见义勇为、志愿服务、移风易俗、尊老爱幼、民族文化等都牵涉价值判断问题，地方立法对此要作出积极回应，积极引领社会道德风尚。

（三）强化行政执法领域改革和监督管理，着力打造法治政府

《纲要》提出，到2020年基本建成职能科学、全责法定、执法严明、公开公正、廉洁高效、守法诚信的法治政府。2018年是实施《纲要》的第四个年头，法治政府基本建成已经进入最后冲刺阶段。从宁夏法治政府建设的总体情况看，守法诚信是短板，在行政执法领域表现的尤为明显。要聚焦法治政府建设主要问题进行突破，有针对性提出解决问题方案，通过卓有成效的工作，圆满完成《纲要》确定的目标任务。习近平总书记非常重视公共权力的公信力建设，曾借助"塔西佗陷阱"说明政府公信力建设的重要性。塔西佗陷阱是指：当政府部门或某一组织失去公信力时，无论说真话还是说假话，做好事还是做坏事，都会被认为是说假话、做坏事。各级政府要正视公信力问题，提高政府的信任度，避免出现"中央是恩人，省里是亲人，县里是好人，乡里是恶人，村里是仇人"的现象。

（四）进一步加强法治改革的系统性，提高法治改革的实效

从法制建设到法治改革，是改革开放40年中国法治建设的一个重大转变。

如果说，从十一届三中全会到党的十八大在法治上我们注重建设的话，那么党的十八大以来，法治出现了改革与建设并重更加注重法治改革的新形势。由于法治改革牵涉多个部门，系统性的要求就日益凸显：在立法领域，基于政府立法的传统，人大主导地位如何与政府立法兼容；在法治政府建设方面，人大监督、司法监督、民主监督、社会监督、舆论监督如何有效；在司法改革方面，如何协调处理好司法机关与监察委、公安、司法行政的关系；等等。在法治部门内部，随着改革的深入，也存在改革的系统性问题，主要表现为相关改革措施的综合配套改革。以司法改革为例，司法责任制、员额制、人财物统管等大的改革任务完成后，进一步全面落实司法责任制，完善新型审判权、检察权运行机制，完善审判检察监督管理机制和惩戒机制，完善法官、检察官员额动态管理机制、解决案多人少的问题等就成为下一步工作的重点。法治改革是一项宏大的系统工程，改革一定要有系统思维和整体把握，要避免改革碎片化和部门利益化倾向，在这方面，政法委要发挥组织协调和政治引领作用。

（五）增强全民法治观念，切实推进法治社会建设

法治社会需要法律信仰。法律的权威源自人民的内心拥护和真诚的信仰。法律信仰是法治社会建设的重要条件，而法律信仰的生成则是一个非常复杂的过程。历史文化传统、现实法治状况、法治宣传教育、个人法治素养都会对法律信仰的生成产生影响。其中现实的法治状况对法律信仰的形成具有决定性影响，公共权力机关的行为对法律信仰的生成具有重要的引领作用。法治社会建设，表面是在社会，根子其实在政府。法治社会需要公民的权利观念和义务意识。权利观念可以有效防止公权力对公民权利的侵害，义务意识则是公民对国家的守法义务，两者如一枚硬币的两面，缺一不可，法律既是保障公民权利的有力武器，也是必须遵守的行为规范。权利与义务的对等性，是一个社会良性运行的必要条件。法治社会也是一个诚信社会。诚信是一个社会正常运转的基础，是构成一个社会的重要社会资本。一个不诚信的社会，必然导致交易成本、管理成本、生产成本、时间成本居高不下，最终会对社会造成重大伤害。加强社会征信体系建设，构建涵盖政府征信、企业征信、社会征信、个人征信在内的全区统一征信平台，对失信者平等对待，让失信者一朝失信，处处受限，只有这样，诚信社会建设才会取得实效。

（六）2019年法治宁夏建设展望

2019年是中华人民共和国成立70周年，也是全面建成小康社会的关键之年，在2018年法治建设的基础上，宁夏的法治建设将会取得更大成绩。2019年，我国面临的国际形势将会更加复杂严峻，国内经济形势稳中有变、变中有忧，经济面临下行压力。为有效应对各种挑战，法治的作用会更加凸显。展望2019年宁夏法治发展，法治将会在以下几个方面发挥重要作用。

1. 法治在创造公平竞争的制度环境方面将发挥重要作用

市场经济是法治经济，竞争是经济发展的动力，公平的竞争环境是市场充满活力的条件，契约自由、政商关系、市场准入、公正司法、平等保护，只有在法治的环境下才能得以实现。党的十八大以来，地方竞争已经从传统的资源型竞争向法治型竞争转变，如何提高法治化水平，不但需要扎实做好各项工作，还需要引起我们高度重视。

2. 法治将会在推动宁夏经济高质量发展中发挥重要作用

刚刚闭幕的中央经济工作会议认为，我国经济运行主要矛盾仍然是供给侧结构性的，必须坚持以供给侧结构性改革主线不动摇，更多采取改革的办法，更多运用市场化、法治化的手段，在"巩固、增强、提升、畅通"八个字上下功夫。法治不仅仅是经济发展的保障，也是经济发展的动力和手段。以法治理念与法治思维解决经济发展中的问题，将会成为领导干部、管理者、企业家素质和能力的重要体现。

3. 法治将会在平等保护民营企业家人身安全和财产安全上发挥重要作用

2018年11月1日，习近平总书记在民营企业家座谈会上指出，要保护企业家人身和财产安全。稳定预期，弘扬企业家精神，安全是基本保障。新型政商关系的构建与平等保护私有产权，必须依靠法治。只有真正的法治，民营企业家的人身安全和财产安全才会得到有效保护。宁夏回族自治区党委政法委2018年12月出台《关于政法机关依法保障和服务民营企业健康发展的实施意见》，从坚持主动服务、平等保护、规范执法、综合治理四个方面，细化了21条具体实施意见，将为民营企业健康发展提供有力法治保障和优质法律服务。

4. 法治将会在依法保护知识产权，鼓励创新创业方面发挥重要作用

创新驱动战略是自治区第十二次党代会确定的"三大战略"之首。实施创新驱动，必须要严格知识产权保护。只有加强知识产权保护，才能鼓励创新，维护创新者的合法权益，创新才会具有可持续性。

5. 法治将会在"建设美丽新宁夏"中发挥重要作用

"建设美丽新宁夏"是习近平总书记在自治区成立 60 周年大会上的贺词，包含着对宁夏各族人民的美好祝愿。打造天蓝、地绿、水清的生态环境，必须要实行严厉的法治，为生态建设提供坚强保证。生态文明不是一个自足的体系，它的建设离不开政治、经济、文化、社会等资源的支撑，其中，实行最严格的法治，是打造生态文明的重要条件。

山清水秀萧关外

6. 法治将会在打造中华民族共同体意识，维护宁夏社会稳定上发挥重要作用

维护民族团结的大好局面是宁夏各族人民的共同期盼。中华民族共同体既是政治共同体，也是文化共同体。民族团结、宗教和顺离不开法治的滋养。从法治宁夏到法治国家建设，最后建成法治中国，就是要致力于打造中华民族政治共同体，奠定政治认同的根基，进而为中华民族文化共同体建设创造条件、积累共识。

2018年宁夏生态文明建设与2019年发展趋势报告

李文庆 李晓明 宋春玲 赵 颖

在宁夏回族自治区成立60周年之际，习近平总书记"建设美丽新宁夏，共圆伟大中国梦"的题词，寄予了宁夏最美好的祝愿、最殷切的期望，为宁夏生态文明建设指明了前进方向。宁夏生态文明建设工作全面贯彻落实习总书记题词精神，推进宁夏可持续发展，在建设美丽中国、实现中华民族伟大复兴中国梦的征程中作出新贡献。

一、2018年宁夏生态文明建设成就与现状

2018年，宁夏大力实施生态立区战略，生态文明建设不断加强，整治环境突出问题，实施重点生态工程，生态环境不断改善。

（一）2018年宁夏生态文明建设情况

1. 机构改革方面

党的十九大报告贯穿了社会主义生态文明观，提出"加快生态文明体制改革，建设美丽中国"。自治区机构改革方案确定，组建生态环境厅、自然资源厅，作为

作者简介：李文庆，宁夏社会科学院农村经济研究所（生态文明研究所）所长、研究员；李晓明，宁夏社会科学院助理研究员；宋春玲，宁夏社会科学院农村经济研究所（生态文明研究所）助理研究员；赵颖，宁夏社会科学院农村经济研究所（生态文明研究所）博士。

自治区政府组成部门；组建林业和草原局，作为自治区自然资源厅的部门管理机构。宁夏涉及生态文明建设的机构相继挂牌履行职责，为宁夏生态文明建设保驾护航。

2. 大气环境保护方面

宁夏大气环境质量整体呈改善趋势，重点推进中央环保督察整改工作，坚决打好污染防治攻坚战，推动解决了一大批群众身边的生态环境问题。冬春季节是大气污染防治的重点和难点时期，自治区生态环境厅坚持源头治理，聚焦燃煤、扬尘、机动车和重点行业污染治理，实施一系列强化措施，组织了2018—2019年全区冬春季大气污染防治攻坚推进会，要求各级政府及有关部门组织开展煤质管控专项行动，加大对煤炭生产企业的监管力度，全面清理非法售煤网点，加强用煤单位储备煤监管，依法查处生产销售不合格煤炭的违法行为。严格煤炭消费总量控制，银川市"东热西送"一期工程建成投用。严格建筑施工工地、矿采区、道路扬尘治理与管控，压实秸秆焚烧污染管控责任，城市道路机械化清扫率平均达到64%，各地均出台重型车辆绕城方案。严格落实土石方作业、房屋拆迁施工等停工方案，停工工地和裸露地面全覆盖。继续加快老旧车淘汰，减少机动车尾气排放污染，重点对高污染机动车特别是重型柴油车加强监管。开展秋冬季大气污染综合治理攻坚行动，推动全区环境质量持续改善，确保完成国家和自治区确认的环境空气质量和主要污染物减排目标任务。

3. 水生态环境保护方面

宁夏以沿黄生态经济带作为重点区域，以保护黄河、集中式饮用水源地综合整治、黑臭水体综合整治等为重点，深化流域水污染治理和水生态保护，统筹推进水污染防治，全面实施河长制湖长制，安排中央、自治区水污染防治资金11亿元，大力支持黄河干支流、重点入黄排水沟、"一河两湖"综合治理和省级及以上工业园区污水处理设施建设。全面实施河湖长制，实施黄河干支流、重点入黄排水沟、"一河两湖"综合治理，全区36个城镇污水处理厂全部完成工程建设，达到一级A排放标准，31个省级及以上工业园区实现污水集中处理，8条重点入黄排水沟建成投运人工湿地工程，11条黑臭水体已消除或基本消除黑臭。葫芦河、渝河、茹河水质均达到了Ⅲ类，清水河、沙湖水质稳定达到Ⅳ类。为了不断改善黄河水质，宁夏坚持流域上下联动治理，全力以赴治"差水"、保"好水"，主要措施包括集中治理工业园区污染，排查取缔"九小"企业和直排口；采取控源截污、生态

渝河治理

修复、末端治理等治理措施，加强入黄排水沟综合整治；加快城镇污水处理设施及配套管网建设，推进污泥处理处置，提高城市污水再生利用水平。在水源地环境保护方面，宁夏加强集中式饮用水源地水源水、出厂水、管网水、末梢水的全过程监管，摸清水源地环境保护问题底数，加快推进饮用水源地保护区规范化建设，定期监测、评估集中式饮用水源地水源、供水厂单位供水和用户水龙头水质状况，并及时向社会公开。针对城市黑臭水体治理，宁夏各地将通过改造排水管道、封堵排水口、敷设截污管道、设置调蓄设施等措施，大力实施排污口专项整治，并因地制宜选择岸带修复、植被恢复、水体净化等措施，逐步恢复河道生态功能。

4. 自然生态保护与修复方面

在加强自然生态保护方面，2018年宁夏在全国率先制定生态保护红线并首批通过国家审核，率先开展生态保护红线管理地方立法。连续两年扎实开展"绿盾"自然保护区清理整治专项行动，开展贺兰山生态环境综合整治行动，共排查自然保护区人类活动点位2616处，保留和完成整治2556处，正在整治60处。白芨滩国家级自然保护区的42家企业全部拆除退出，共退出土地面积2174亩，开展生态恢复面积2045亩。宁夏紧紧依托三北防护林、退耕还林、天然林保护等国家重点林业工程，扎实推进生态移民迁出区生态修复与建设、主干道路大整治大绿化、防沙治沙综合示范区建设等工程，2018年完成造林任务145万亩，其中，六盘山重点生态功能区降水量400毫米以上区域造林绿化工程完成51.8万亩，引黄灌区平原绿洲生态区绿网提升工程完成8.6万亩，南华山外围区域水源涵养林建设提升工程计划13.9万亩，生态面貌不断改善，优美生态环境成为宁夏亮丽名片。湿地保护工作成效明显，2018年银川市荣获全球首批"国际湿地城市"称号，这是目前国际上在城市湿地生态保护方面规格高、分量重、含金量足的一项荣誉。宁夏始终把防沙治沙工作摆在突出位置，持之以恒地推进防沙治沙工作，稳步推进全国防沙治沙综合示范区建设，积极培育壮大沙产业，着力促进农民增收，努力实现沙退民富。

2018年，宁夏生态环境治理和保护方面还存在一些问题，一是中央环保督察部分整改任务进展较慢，2018年需完成整改的10项任务，还有部分任务未达到时序要求，一些地方政府对自治区交办任务落实较慢，"散乱污"企业整治、重点污染源管控等难点工作进展不平衡。二是完成国家考核目标压力仍较大，由于宁夏生态环境基础薄弱，历史欠账较多，冬春季供暖期间是大气污染防控难点，水源地达标率仍有一定差距，黄河支流、重点入黄排水沟、清水河、星海湖水质还不稳定，环境质量存在反弹的可能等。

（二）2018年宁夏生态文明建设现状

1. 环境空气质量

2018年1—10月，全区地级城市环境空气优良天数比例占87.6%，高于国家考核目标11.1个百分点，高于自治区考核目标10.6个百分点。$PM_{2.5}$平均浓度33微克/立方米，较2015年同期下降13.2%，PM10平均浓度77微克/立方米，同比下降11.5%。按环境空气质量综合指数由小到大进行评价，环境空气质量由好到差排名依次是：固原市、中卫市、吴忠市、宁东基地、石嘴山市、银川市。按环境空气质量综合指数同比变化率进行评价，同比改善程度由大到小的顺序依次是：银川市、吴忠市、石嘴山市、中卫市、固原市、宁东基地。在参与全国空气质量评价排名的338个地级城市中，吴忠市为138名，固原市为140名，中卫市为182名，银川市为259名，石嘴山市为266名。按环境空气质量综合指数同比变化率进行评价，中卫市、宁东基地、固原市环境空气质量下降，其他3市改善，同比改善程度由大到小的顺序依次是：石嘴山市、银川市、吴忠市（见表1）。

2. 水环境质量

2018年10月，黄河干流宁夏段监测的6个国控（考核）断面均为Ⅱ类优水质，所占比例为100%（见表2）。宁夏境内8条黄河支流水质总体为轻度污染。

表1 2018年1—10月宁夏5市和宁东环境空气质量状况排名

区域	综合指数排名		综合指数同比变化率排名		优良天数		主要监测项目平均浓度(ug/m³)			
							可吸入颗粒物		细颗粒物	
	排名	综合指数	排名	同比变化(%)	空气质量变化情况	比例(%)	同比(%)	平均浓度	同比变化(%)	平均浓度	同比变化(%)
固原市	1	3.79	5	-4.8	改善	97.0	2.2	72	-1.4	29	-3.3
中卫市	2	3.99	4	-8.5	改善	90.7	8.4	73	-6.4	31	-6.1
吴忠市	3	4.02	2	-16.6	改善	86.5	0.0	76	-13.6	31	-18.4
宁东	4	4.61	6	-2.9	改善	91.2	5.3	88	0.0	29	-17.1
石嘴山市	5	4.94	3	-12.9	改善	83.2	9.1	83	-10.8	36	-12.2
银川市	6	4.94	1	-20.8	改善	80.5	12.9	82	-21.9	36	-21.7
全区(不含宁东)	—	4.35	—	-13.2	改善	87.6	6.5	77	-11.5	33	-13.2

表2 黄河干流宁夏段各断面水质类别比较

断面名称	断面功能	考核目标	水质类别		
			2018年10月	2017年10月	2018年9月
中卫下河沿	甘肃—宁夏省界	Ⅱ类	Ⅱ类	Ⅱ类	Ⅱ类
金沙湾	中卫—吴忠市界	Ⅱ类	Ⅱ类	Ⅱ类	Ⅱ类
叶盛公路桥	吴忠—银川市界	Ⅱ类	—	Ⅱ类	Ⅱ类
银古公路桥	控制黄河宁东能源化工基地段水质	Ⅱ类	Ⅱ类	Ⅱ类	Ⅱ类
平罗黄河大桥	银川—石嘴山市界	Ⅲ类	Ⅱ类	Ⅱ类	Ⅱ类
麻黄沟	宁夏—内蒙古省界	Ⅲ类	Ⅱ类	Ⅱ类	Ⅱ类

全区8个沿黄重要湖库水质总体为轻度污染。3个国考湖库水体中，石嘴山沙湖水质类别为Ⅳ类，未达到考核目标Ⅲ类水质要求；中卫香山湖、鸭子荡水库水质类别均为Ⅱ类，达到考核目标要求。

二、2019年宁夏生态文明建设展望

2018年中央经济工作会议指出："打好污染防治攻坚战，要坚守阵地、巩固成果，聚焦做好打赢蓝天保卫战等工作，加大工作和投入力度，同时要统筹兼顾，避免处置措施简单粗暴。"2019年，将以习近平总书记为宁夏60大庆题词

精神为指引，以中央经济工作会议精神为统领，大力实施生态立区战略，全力整改中央环保督查反馈问题，全力改善生态环境，全力推进自然生态保护，努力实现美丽新宁夏目标。

（一）全力整改中央环保督查反馈问题

自治区党委、政府始终把生态环境保护工作放在全局工作的重中之重，持续高位推动中央环保督察整改。2019年，自治区各相关部门将形成齐抓共管同治的生态环境工作格局，各地党委、政府将进一步严格履行生态环境"党政同责、一岗双责"，全力抓好整改工作。要切实加大督察问责力度，推进各地、各部门落实责任，强化问题整改责任追究，要在贺兰山国家级自然保护区整治、重点流域湖泊水污染治理、药企恶臭污染治理以及大气污染防治、环保资金投入等方面取得新成效。

（二）强化生态环境保护

按照主体功能区定位，突出生态环境保护，优化开发区域，控制建设用地增长，以"蓝天工程"、水污染防治等工程为抓手，强化水土资源和大气环境治理、自然生态空间修复等。一是打好蓝天保卫战，坚持把改善空气质量作为生态环境工作的重点，完善全区大气区域联防联控机制，全面开展大气污染防治攻坚行动，实施燃煤、工业、机动车、扬尘污染协同治理，强化烟尘治理、细化扬尘治理、深化气尘治理，统筹推进空气质量改善。二是打好碧水攻坚战，实施流域一体化治理，深入推进水环境综合治理，坚持把保障黄河水环境安全作为生态环境工作的关键，加强黄河支流、重点湖泊保护治理，加快推进重点入黄排水沟综合整治，深入推进城镇和工业园区污水处理设施提标改造，加大力度整治黑臭水体，加强生产、生活污水和垃圾的无害化处理，加大水源地执法力度，切实保护水环境。三是打好净土保卫战，立足预防、防控污染，全面推进农业农村污染防治，农业空间重点加强面源污染控制和土壤污染的治理，生态空间主要减轻生产、生活对生态环境的压力，扎实做好未污染土地保护和预防，加强矿山生态环境治理和重金属综合防控，防止新增土地污染。

（三）大力推进自然生态保护

牢固树立新发展理念，坚持创新驱动，强化资源管理，推进建设美丽新宁夏。一是加强国土绿化，积极实施六盘山重点生态功能区造林绿化工程和引黄灌区平原绿洲绿网提升工程，加快移民迁出区生态修复。二是持续推进防沙治沙，全面落实防沙治沙职责，以沙化土地封禁保护项目为依托，以沙区原生植被保护为重点，以沙产业发展为补充，自然修复与人工措施并举，建设好全国防沙治沙综合示范区。三是全力推进自然保护区环境整治工作，2018年贺兰山自然保护区内100多家企业关停退出，38台风电发电机组退出罗山自然保护区，生态环境治理工程成效显著，要以壮士断腕的勇气、重典治乱的决心，打好贺兰山、罗山等自然生态保卫战。

六盘山国家森林公园

（四）大力推动产业升级和循环经济

坚持绿色发展，结合自治区工业转型升级和结构调整，明确现有各个区域、园区的产业功能定位和产业准入，加快现有产业结构升级，积极推广节能减排新技术、新工艺，加快发展新能源产业。一是深入推进供给侧结构性改革，建立健全绿色低碳循环发展的经济体系。加快淘汰落后产能、化解过剩产能，严禁产能过剩行业新增产能项目。逐步改变倚重倚能经济结构，鼓励企业采用高新技术、节能低碳环保技术和先进工艺，改造提升煤炭、电力、冶金、化工、建材等传统产业向高端化、绿色化发展。大力发展绿色新兴产业，加快培育壮大装备制造、现代纺织、信息技术、新能源、新材料等新兴产业。二是高标准、高水平建设宁东能源化工基地，以生态企业创建推动宁东生态型工业园区建设，使之成为经济增长、结构调整、绿色发展示范园区，用土地置换、政府补助等手段逐步将污染企业搬离市区，推动其向工业园区集中，减少市区环境污染，腾出空间和环境容量，扭转宁夏资源能源消耗过多、环境压力趋增的产业格局。三是大力发展循环经济，积极推广清洁能源，全面推进能源、原材料、水、土地等资源节约和综合利用，形成有利于节约资源和保护环境的产业结构和消费方式，创建资源节约型社会。

（五）统筹城乡生态建设

加快建设生态城镇和生态村庄，大力发展生态经济，完善防灾减灾体系，促进人与自然和谐发展。一是坚持规划引领，严格管控城镇开发边界，合理确定发展规模和开发强度。科学开展城市设计，建设城市绿带空间、水循环廊道、清风廊道，提高城市通透性。二是全面开展城乡环境保护和污染治理，加强对重点流域、重点区域和重点工业企业以及农村面源污染的整治，加强固体废弃物的综合治理和再生利用，加强城市和交通干线交通噪声综合治理，不断改善环境质量。三是加强农村人居环境建设，中央经济工作会议要求："要改善农村人居环境，重点做好垃圾污水处理、厕所革命、村容村貌提升。"整治落后的镇容村貌，为农民打造优美的人居环境，加快培育一批特色小镇，推动城镇基础设施和公共服务向农村延伸，推进城乡基础设施一体化建设，大力改善人居环境和村容村貌，大幅提升农民群众生活质量。

（六）积极探索生态补偿机制

根据国家主体功能区的划分，宁夏中南部地区基本上被划定为限制开发区和禁止开发区，要牢固树立"资源有价""生态补偿"的理念，实行资源有偿使用制度和生态补偿制度，坚守生态保护、耕地、水资源三条红线，全面实施退耕还林、天然林保护、湿地保护等重点生态工程，深入推进林权制度改革，加快建立生态补偿机制，增加国家补偿范围，实行最严格的林草保护制度，巩固退耕还林成果，使生态补偿成为生态建设的有效保证和稳定农民增收的有效途径，为建设美丽新宁夏作出积极贡献。

三、宁夏生态文明建设的政策建议

党的十九大报告指出，坚持人与自然和谐共生，加快生态文明体制改革，建设美丽中国。为了进一步整合资源，在建设美丽新宁夏中形成合力，建议如下。

（一）加强和改进宁夏地方生态环境立法

加强和改进宁夏生态环境立法工作，既是完善中国特色社会主义法律体系的必然选择，也是推动法治宁夏建设的重要基础，更是全面建设美丽新宁夏的历史选择。建设美丽新宁夏是一项复杂的系统工程，仅靠政府的行政手段和措施，无法实现建设美丽新宁夏的目标，还需要加强和改进宁夏地方生态环境立法工作，依靠法制的普遍性、强制性和权威性来全面推进建设美丽新宁夏。加强和改进宁夏生态环境立法工作，一是完善自然保护区建设与管理，提高自然保护区管理能力与建设水平；二是加强重点生态功能区保护与管理，构建生态安全战略格局；三是重视对生态敏感区、脆弱区的保护，针对不同地区独特的自然条件和生态保护问题制定区域性立法予以保护；四是将生态区和移民区结合起来，对生态恢复区的林草地保护、修复治理等加强立法工作；五是完善生态环境保护的责任制度，完善资源环境的有偿使用立法工作。

（二）建立资源环境承载力预警制度

资源环境承载力是一个涵盖资源和环境要素的综合承载力的概念，是指在一定时期和一定区域范围内，在维持区域资源结构符合可持续发展需要，区域环境功能仍具有维持其稳态效应能力的条件下，区域资源环境系统所能承受人类各种社会经济活动的能力，进一步细分又包括土地资源、水资源、矿产资源、水环境、大气环境和土壤环境等基本要素。自然资源、生态环境为发展提供必要的支撑，是任何技术都无法替代的基础，经济发展总是伴随着土地、矿产、能源、水等资源的大量消耗，经济的快速发展也导致资源保障和生态环境保护面临严峻的挑战，资源短缺、水污染严重、水生态环境恶化等问题日益突出。建立资源环境承载力监测预警制度，对全区各地资源承载力和大气污染扩散能力进行科学评估，促进生态环境的保护。

（三）建立生态文明建设体系

围绕建设美丽新宁夏和生态文明建设，建立相应体系。一是围绕建立国家西部生态屏障，加快传统林业向现代林业转变，重点抓好"六个百万亩生态林建设工程"、防沙治沙省域示范区建设、退耕还林等重点林业工程，建立生态林业、民生林业体系。二是围绕沿黄经济区建设绿色生态经济带，开发建立森林、湿地、果园、花卉等一体化的经济旅游型生态体系，完善都市农业和旅游观光农业的发展。三是积极推进生态系统综合治理，推进生态型草畜产业和特色植物开发，加大野生植物资源培植与植被修复、小流域综合治理等配套技术和治理模式的应用，加强对中南部地区生态环境修复。

"建设美丽新宁夏"关系人民福祉，关系宁夏发展未来，切实增强责任感和使命感，动员各部门、全社会积极行动，形成部门和社会合力，深入持久推进生态文明建设，共同建设美好家园。